此生为志趣而来

——给青少年的生涯规划建议

赵 坡 著

南方传媒 | 广东人民出版社

·广州·

图书在版编目（CIP）数据

此生为志趣而来：给青少年的生涯规划建议 / 赵坡著. —广州：广东人民出版社，2024.8
ISBN 978-7-218-17380-1

Ⅰ. ①此… Ⅱ. ①赵… Ⅲ. ①职业选择 Ⅳ. ①C913.2

中国国家版本馆 CIP 数据核字（2024）第 039742 号

CISHENG WEI ZHIQU ER LAI——GEI QINGSHAONIAN DE SHENGYA GUIHUA JIANYI
此生为志趣而来——给青少年的生涯规划建议
赵　坡　著

出 版 人：肖风华

责任编辑：朱东岳　杨言妮
责任技编：吴彦斌　马　健
封面设计：张梦琴

出版发行：广东人民出版社
地　　址：广州市越秀区大沙头四马路 10 号（邮政编码：510199）
电　　话：（020）85716809（总编室）
传　　真：（020）83289585
网　　址：http://www.gdpph.com
印　　刷：三河市龙大印装有限公司
开　　本：710 毫米 ×1000 毫米　1/16
印　　张：13.5　　字　　数：156 千
版　　次：2024 年 8 月第 1 版
印　　次：2024 年 8 月第 1 次印刷
定　　价：68.00 元

如发现印装质量问题，影响阅读，请与出版社（020-85716849）联系调换。
售书热线：（020）85716864

自序：每个生命都相当奇妙

全球大约有 70 亿人，不知您是否因此觉得自己的生命特别普通？或许，我们只是 70 亿人中的普通一员，这是客观事实。然而，这掩盖不了每个生命的奇妙。

我们还是先来回顾那个关于“受精卵”的故事吧。

科学研究表明，精子生活在弱碱性环境（pH 值在 7.2 ~7.8）中，而女性阴道呈弱酸环境（pH 值在 4~5）。精子进入女性阴道，像在冰雪中——弱一点的会被冻僵，非常弱的则永远失去竞争机会。在一起进入阴道的两亿个精子中，只有那些“身体硬朗”的，才有机会来到宫颈。

宫颈内含有大量黏液，会粘住大部分活性较差、灵活度不够的精子。经过第一关选拔出来的健壮精子，如果不够灵活，挣脱不出去，也永远退出了竞争。

经过前两关考验的精子，不仅强健，而且灵活，但如果不够聪明，就会被藏在宫颈管的隐窝中。此时，两亿“战士”只剩下不到 100 个了。然而，就是这群翻越千山万水、经历种种磨难的精英，最终只能录取一人——第一个通过卵膜、透明带两道考验的精子，才能成为最终的幸运儿！当然，如果是异卵双胞胎，那么可能有两个幸运儿。

这个幸运儿，就成了现在的你、我、他。当然，这还只是万里长征的第一步，因为受精卵还要在子宫着床，还要面临药物的刺激、射线的辐射、疾病的侵扰、突发的伤害等一系列危险。从这个角度来说，每一个来到这个世界的人，都是非常优秀且非常幸运的，是从两亿竞争对手中脱颖而出的天选之子。这个过程看似平静，实则危机重重。

我更愿意把这种“脱颖而出”当作“奇妙无穷”，有太多未知和不确定性，但偏偏就是“我们”来到了这个世上，成就了爸爸妈妈为人父母的愿望，看到日月星辰，听见百鸟争鸣，吃入五谷杂粮，闻进馥郁芬芳……这不是“相当奇妙”吗？

这是生命从无到有的奇妙。

生命还有另一层从无到有的奇妙。

在一个生命呱呱坠地的时候，谁会想到这个人可能成为诗人、学者、军人，还是成为恶棍或罪犯呢？事实是，70亿人可能做出70亿种选择，走向70亿个方向，最终形成70亿个不同的生命——正应了那句俗语，人和人是不一样的。

襁褓时期，我们或许没有自主选择的机会；但一旦学会走动，我们便可以拥有很多自主选择的机会——当然，这些选择多半是不成熟的。不可否认的是，随着年龄的增长，我们的自主选择越来越多，直到后来完全实现“我的地盘我做主”。

如此说来，在成为诗人、学者、军人抑或恶棍、罪犯的路上，是否也不时留下我们曾经的选择呢？是的，我们可能一手成就了自己，也可能一手毁掉了自己。这样说，当然不是危言耸听，而是想提醒包括我自己在内的每一个人：同样一个人，可能成为诗人，也可能成为小偷，生命就是这么难以捉摸。

生命的这种奇妙，源于我们生存环境的复杂性——既给我们带来机遇，也给我们带来挑战，让我们的生命充满诸多不确定性，当然也包含无限可能性。换言之，没有机会彩排的生命，也能够按照既定的方式前进，只是你要提前规划好。

比如，我想成为一名诗人，就按照“诗人的生命成长方式”来行走。至于将来我到底能否成为真正的诗人，那只是锦上添花的事情；最关键和最实惠的是，我们早已拥有诗人般的生命历程，过一种自己喜欢的生活，这就足够了。

这种喜欢的生活，需要我们去发现，需要我们去创造，这是生命另一层从无到有的奇妙。

来到这个世上，是一种奇妙；创造一种生活，是一种奇妙。每个生命都拥有这两种奇妙，当然也就非常珍贵，实在不可辜负。如果荒废了这种奇妙的生命，是不是非常可惜？即便低到尘埃，也要好好活，你我同在，为奇妙喝彩。

本书有一条鲜明的主线，这条主线串起了全部内容，也是我特别想告诉读者的信息。在此，我不想把这条主线说出来，烦请您亲自去发现，正如同发现生命的奇妙一样。如果您在看完本书后微微一笑，然后说：哦，这本书原来是在说这件事呀！我想，那时我们就已经看到了同一个方向，走在了同一条路上。

祝您好运！

赵 坡

2023 年 6 月 5 日于深圳

-目 录-

第六章 如何填报新高考志愿?

第七章 核心阶段的生涯规划

第八章 过来人的启示有哪些?

第一章　生涯是什么？

一、时间维度

（一）生涯事件

2023年，吉尼斯世界纪录机构认定111岁的英国老翁约翰·艾尔弗雷德·廷尼斯伍德为全球在世最长寿男性。

据美国有线电视新闻网报道，廷尼斯伍德1912年8月26日出生于英格兰西北部港口城市利物浦，经历两次世界大战，也是吉尼斯世界纪录认证的“世界最年长二战退伍男兵”。他如今居住在海边小镇绍斯波特的一家养老院里。先前全球在世最长寿男性是委内瑞拉人胡安·比森特·佩雷斯·莫拉，于2024年4月2日去世，距他115岁生日还有一个多月。

（二）生涯感悟

生涯，原指生命的边际、限度。从这个原意来看，生涯的内涵主要指向时间维度。确切地说，生涯是有起点和终点的，从呱呱坠地开始，到死亡为止，没有人可以长生不老。上面新闻中的老人，寿命长得让人羡慕，但也体现了人的生涯特性——不管你是主动的，还是被动的，个体的生涯随时都有可能终止。

国务院在2019年印发了《“健康中国2030”规划纲要》，该纲要指出，到2030年，中国人民身体素质明显增强，2030年人均预期寿命达到79岁，人均健康预期寿命显著提高。如果取个整数，把人的预期寿命定为80岁，那么生命的截止日期可能就是80岁。

当然，每个生命都充满奇妙的际遇，这个80岁只是一个统计数字，只能作为参考，代表不了任何具体的人。在理解生命时，生命最奇妙的地方就在于充满了诸多不确定性，同时充满了无限可能性。

从时间维度来说，“不确定性”主要是指“我们活不过平均数”，“可能性”主要是指“我们可能活过 100 岁”。寿命超过平均数，当然是好事；不管超过多少岁，都是好事。关键是，若生命比平均数低，那就令人担心了。

到底会低多少岁？这个不确定性就大了，活 79 岁？活 70 岁？活 60 岁？活 50 岁？活 30 岁？这样想来，会不会觉得特别害怕，在害怕之后又会变得特别消极——我可能只活这么点岁数，那还努力什么呀，不如由着性子享受一下！

然而，核心问题是，生命充满了不确定性——我们不知道自己会活到哪一天；但同时生命又充满了可能性——我们可能就是那些活过 100 岁的人。

其实，对那些知晓自己已走到生命尽头的人来说，他们知道自己还有许多重要的事情要去做，所以不舍得浪费哪怕一天的时间。于 2011 年去世的复旦大学癌症女博士于娟，在生命的最后阶段，在生与死的临界点，为世人留下 70 多篇“癌症日记”及一本名为《此生未完成》的著作。于娟说，如果有时间，好好陪陪孩子，给父母买双鞋子，不要拼命去换什么大房子，和相爱的人在一起，蜗居也温暖。于娟用生命写成的文字，呈现了好好活的坚韧，当然也包含了对过去的遗憾。这种向死而生的态度，或许正是我们所需要的。

总之，从时间维度看生涯，我们可以得到三点启示：一是好好活，让自己活得更长，这样生命才能有更多契机；二是好好活，珍惜每一天的时间，因为生命不知哪一天就结束了；三是好好活，用有限的时间做更多有意义的事，不要留下太多遗憾。

（三）生涯素描

请根据中国人平均寿命及家族老人平均寿命，预测自己的寿命可能有多长（注意：不是预测可以活多久，而是预设一个时间节点），并在下面的射线上标注年龄数值及“现在”的位置。此外，请根据自己的生活习惯，想一想如何消除生命的负面不确定性，如何增大其正面的可能性，把关键词写在图 1–1 的直线上面或下面，并和预设的年龄对应起来。

图 1–1　人生各年龄节点的生涯预设

二、幸福维度

（一）生涯事件

2017 年 2 月 19 日的《朗读者》节目，邀请到了时年 75 岁的王佩英阿姨。王佩英阿姨朗诵的是因遇车祸住进重症监护室的丈夫林老先生在金婚纪念日那天送给她的情书：佩英，我们结婚五十年来，由于您对家庭的奉献，使我们的家庭不断发展，谢谢您，亲爱的……

这份情书，是怎么写成的呢？林老先生尽管卧病在床，但还是用唯一能动的手，把圆珠笔捆在手臂上，用了将近两小时给妻子写了一封字迹歪歪扭扭的情书。

生活中的两位老人，浪漫且有趣。

“老太婆，你今天怎么比以前更漂亮了？”林老先生经常这样打趣王佩英阿姨。

王佩英阿姨则笑眯眯地开玩笑："嗯，我准备找别人了啦，跟你离婚……"

林老先生赶紧配合演，说："我走不来路，你办不了（离婚）的。"

……

年轻时脱口而出的"我爱你"，是不是真的会被生活的柴、米、油、盐、酱、醋、茶磨灭呢？他们用自己的经历告诉我们，并不是。真正的爱与被爱，至死不休。

（二）生涯感悟

生涯，原指生命的边际、限度，后指生命、人生。前者可从时间维度来谈其长短，后者则需要从幸福维度来评判其质量，因为幸福是衡量生涯质量的核心标准——让自己处于满意与和谐的状态，才能给平淡的时间增添色彩。

从上述事件来看，一对70多岁的老人，长时间在病房里生活，竟然还能这样幸福，我只想说，这样的人生，就是我想拥有的人生。当然，我知道这样的人生并不是凭空而来的，幸福是一种信仰，是一种能力，更是一种行动。

法国小说家雨果曾说，生活中最大的幸福是坚信有人爱我们。林老先生尽管疼痛难忍，但还是把圆珠笔捆在手臂上，用将近两小时，艰难地给妻子写了一封字迹歪歪扭扭的情书。这种行为背后的动机是什么呢？我觉得是林老先生坚信妻子不仅为家庭奉献很多，而且五十年如一日地爱着他，于是满怀热情地去写情书。

幸福就像蓄水池，既要进水，也要出水；从幸福维度说，我们既需要感受幸福，也需要创造幸福。只有这样，才能拥有持续鲜活的幸福。林老先生感受到了幸福，也创造了幸福。

感受幸福，是一种能力，需从细致入微处感受爱开始。小时候，有家人爱我们；入学后，有老师爱我们；成家后，有伴侣爱我们。小时候，我们有时可能觉得爸爸妈妈不够爱我们，或者觉得爸爸妈妈更爱弟弟妹妹。这可能是事实，但值得反思的是，我们是否因此就将父母的爱全部抹杀了？如果这样，我们确实幸福不起来。我们要做的，就是细致入微地感受一点一滴的爱，并不断提升这种感受爱的能力。否则，即使像太平洋潮水那般多的爱向我们涌来，我们也可能会视而不见。

创造幸福，也是一种能力，也需从无微不至地创造爱开始。林老先生已经 70 多岁了，在各种不便的情况下，他也要在结婚 50 周年之际给自己的老伴儿写情书，这就是在无微不至地创造爱。很多年轻人，包括你我在内，可能都没有这样创造过爱，在很多次结婚纪念日，我只是图省事地给爱人说一些话，远远没有像林老先生这样正式地来表达爱。有时，我们或许会抱怨别人不够爱我们，但是不是也要想一想我们是如何爱对方的呢？爱与被爱是相互的，创造的爱多了，收获的爱自然会更多。

让每一天都充满爱，都洋溢着幸福吧。这样的一天，才能算作生命中有意义的一天。

（三）生涯素描

请以时间维度为横坐标（年龄），以幸福维度为纵坐标（幸福指数），标注出不同年龄的幸福指数，并描绘出过去岁月的幸福曲线（见图 1–2）。您对过去的幸福指数感到满意吗？如果满意，接下来您会如何强化呢？如果不满意，接下来您将如何改善呢？同时，请将自己对未来幸福指数的预期曲线描绘出来，并想一想如何才能做到。

图 1-2　不同年龄幸福指数

三、生活维度

（一）生涯事件

2019 年 12 月 10 日，72 岁的王玉明老人来到了《等着我》节目现场，讲述自己与老伴相识、相知、相爱的故事，以及他走遍全国各地寻找老伴的艰辛之路。王玉明老人回忆过往岁月，多次泣不成声，这也让现场的观众潸然泪下，为他，也为他和老伴的爱情。

王玉明很小的时候，父亲便去世了；17 岁时，母亲也不幸离世。同年，王玉明参军入伍，成为一名军人。1969 年，王玉明与老伴儿结为夫妻。在结婚的头 10 年里，两人聚少离多，老伴儿独自带着孩子，在河北唐山生活。

1976 年，唐山大地震发生了。地动山摇之际，已经逃出屋子的老伴儿，又返回摇醒了熟睡中的王玉明。夫妻俩刚起身，房椽就塌了，重物正巧落在王玉明睡觉的床上。逃离中，老伴儿为了救他，腿部被钉子划伤，留下了深深的伤疤。1982年，王玉明在工作中不幸受伤，老伴儿便开始卖冰棍贴补家用。但王玉明没舍得花掉当年老伴儿辛苦卖冰棍赚来的两块钱，而是小心翼翼地把那些纸币珍藏至今。

2008年，老伴儿患上了阿尔茨海默病，记忆力越来越差。王玉明悉心照顾着老伴儿，因为怕自己走在妻子前面，省吃俭用地给老伴儿买了很多保险。可是，后来老伴儿走失了。警方开展地毯式搜索，却依旧找不见任何踪迹。王玉明老人下定决心，要自己去寻老伴儿，直到找到老伴儿为止。

每次出门，王玉明老人都会带上200张寻人启事、20管胶水、一床薄被子和几个馍馍，一路走一路打听，从天亮一直走到天黑。洗脸，就用路旁的积水；饿了，就啃几口干馍；困了，塑料布往地上一铺，展开被褥就能睡。老伴儿失踪了18个月，王玉明就徒步寻找了18个月。“找不到人，我死也要死在路上。”王玉明老人说。

（二）生涯感悟

活着，就要考虑为什么而活的问题，这是生活的重要内容。

王玉明老人把子女培养成人，也退休了；从他的言行来看，他现在就是为了老伴儿活着，回报老伴儿的爱，给老伴儿更多的爱。正因如此，王玉明老人才说，找不到人，他死也要死在路上。这是王玉明老人给出的生活答案。

说得通俗点，人为什么而活，就是要给生活找些盼头，永远相信生活可能会变得更好一点儿。王玉明老人的盼头，就是在找老伴儿的过程中，突然看到老伴儿向自己慢慢走来，然后可以无限期拥有每天辛辛苦苦照顾老伴儿的机会。

作为普通人，我们的盼头可能会有很多，买买衣服，看看父母，谈谈恋爱，求学深造，找份工作，写篇文章……盼头，有大有小，有多有少，有虚有实，有为己有为人，有物质有精神，有脱俗有世俗……这都无所谓，只要盼头不违法、不悖德。

生活的盼头，就其实质来讲，就是获得令人坦然的幸福。这里的幸福，当然不是享受式的幸福，而是尽心承担某种责任后的心满意足。为什么还要坦然呢？面对人生，有时我们不付出，也会感到幸福，但是在内心深处肯定不会坦然的。

当我们以“坦然的幸福”为生活目标时，所有的坚持、努力、奋斗、攀登就有了深一层的精神含义。俗话说，“家家有本难念的经”。生活的不易，不是让我们破罐子破摔，而是告诉我们摔倒了要爬起来。就是在爬起来的过程中，我们才能体会到生活的全部味道，才能从内心深处体会到幸福的意义，并为真正的幸福奋斗。

王玉明老人苦吗？当然苦。但他对幸福的理解，或许早已远远超过你我。

（三）生涯素描

请以时间维度为横坐标（年龄），以生活盼头为纵坐标，用坐标图标注出不同年龄的生活盼头（见图 1–3）。在未来的生活中，您还会有什么盼头呢？您又能想到多少年后的盼头呢？当然，您可以写汉字来明确，也可以用符号描述。

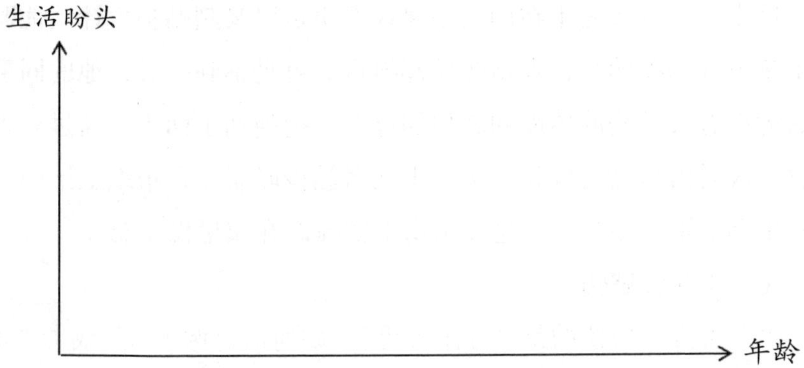

图 1-3　人生各年龄节点生活愿望

四、生存维度

（一）生涯事件

西南联大成立之初，昆明的物价比较低，教授们的工资是可以养活家人的。日本飞机轰炸以后，昆明的物价便一路飙升，月工资最高的教授也只能买 40 斤豆腐。等到 1941 年 12 月时，昆明的物价已经达到战前的 30 倍以上，教授们的生存受到严重挑战。

当时，文学系主任朱自清先生已经瘦到 39 公斤。有一次，他在街上被乞丐追着乞讨，被纠缠得无可奈何，说了一句："我是教授。"乞丐听了这句话，扭头就走。因为在当时连乞丐都知道："教授教授，越教越瘦。"

于是，教授们各显神通。理工科的教授造肥皂、造墨水、造酒精，以供使用。闻一多先生一个月的薪酬往往不够 10 天的开销；为了维持生计，除了不可或缺的衣被外，他几乎把所有能卖的东西都卖了，连当初他从北平带来的几本线装书也卖给了学校图书馆。

后来，闻一多先生在朋友的建议下决定以篆刻贴补生计。他购置了刻刀和一些印材，在街头摆起摊点。可是不到一天，他的同事就认为他有失学校的体面和教授的尊严，把他劝了回来。经过一番商量，最后由梅贻琦校长牵头，十几名教授联名，在报纸上给闻一多先生刊登了一则广告，这才由街上摆摊改在家里做生意。

（二）生涯感悟

生活维度主要谈的是“为什么活”“如何活得像个人”或者“如何活得更有趣”等问题；生存维度主要谈的是“靠什么活下来”的问题，说得通俗一点，就是每个人如何来养活自己。

养活自己，这是特别残酷的生存问题。看看西南联大著名教授们的窘迫，我们就能深刻地体会到“一分钱难倒英雄汉”的含义。经历过战争和饥饿年代的人们，或许对生存问题有更深刻的理解。生活在和平富足年代的我们，可能对生存的残酷性的理解仍然停留在表面，不知道吃好、穿好、住好有多艰难。

而这，正是我们需要警惕的。

想一想西南联大的著名教授们，他们为了生存，牺牲太多、付出太多，但也非常主动、非常努力、非常坚韧、非常乐观。否则的话，他们不可能从那种窘迫的生存环境挺过来。这正是教授们给我们留下的宝贵精神财富——面对生存问题，我们需要百折不挠、坚韧不拔、越战越勇、永不放弃。

在现代社会，解决生存问题的关键在于“掌握一种专业技能，从事一门职业”。职业是参与社会分工，利用专业的知识和技能，为社会创造物质财富和精神财富，获取合理报酬，作为物质生活来源，并满足精神需求的工作。

根据中国职业规划师协会定义：职业包括农村农业、生产加工、制造、服务娱乐、政治、科研教育、管理、商业等 10 个方向，可以细化为农民、工人、军人、商人等90多个常见职业。随着社会的发展，咨询师、快递员、设计师等新型职业不断出现，一些传统职业陆续被淘汰。有人预言，20年后，当下50%的职业将会消失。

从这个角度来说，“铁饭碗”是不可能一成不变地存在的，我们需要适应发展，更要应对发展，让自己在未来的新职业选择中能有立足之地，以便稳妥地解决基础性的生存问题。

（三）生涯素描

您对未来的职业是否有过规划？您打算从事哪种职业呢？这种职业的主要内容是什么？这种职业的主要对象是什么？这种职业的前景是什么？这种职业对社会的价值是什么？这种职业的收入处于什么水平？这种职业需要怎样的素质？请以梳理一位家人的职业的相关情况为基础，了解另一种自我职业的基本情况。

1. 家人职业情况分析

职业常用名称：________________________________

职业面向对象：________________________________

职业发展前景：________________________________

职业社会价值：________________________________

职业收入水平：________________________________

职业所需素质：________________________________

2. 自我职业情况分析

职业常用名称：________________________________

职业面向对象：________________________________

职业发展前景：________________________________

职业社会价值：________________________________

职业收入水平：________________________________

职业所需素质：________________________________

五、事业维度

（一）生涯事件

在2017年9月7日的《朗读者》节目上，已经90多岁的许渊冲老先生来到了现场。他是亚洲第一位获得世界翻译大奖的中、英、法翻译家，虽然已经两鬓斑白，却依旧思路清晰，精力充沛。1931年许渊冲老先生翻译了自己的第一首作品，初衷是为了给心仪的女生表达心意。

这首诗是林徽因在徐志摩死后触景生情写下的《别丢掉》。如今80多年过去了，许渊冲老先生提起这首诗仍然感慨万千，情到深处不能自已。满头白发的许渊冲，诠释了什么叫作真正的“永远年轻，永远热泪盈眶”。

许渊冲老先生最大的乐趣之源是文学翻译。他说，翻译得比想象的好，或者翻译得比别人的好，这就是乐趣，自己能体会到，而别人也拿不走。如今，他每天凌晨三四点就开始工作，比年轻人干劲儿还足。他说，如果他活到100岁，就要把莎士比亚的作品翻译完！

许多年前，许渊冲老先生遇见了文学翻译，遇见了毕生的追求，遇见了学生，翻译出一部部脍炙人口的作品，培养出一代又一代优秀的翻译家、文学家。更令人感动的是，在节目最后，许渊冲老先生的学生们用中、英、法三种语言朗诵了他曾经翻译的著作。

在节目开始时，许渊冲老先生给了主持人董卿老师一张名片，这张名片上写着“书销中外百余本，诗译英法唯一人”。董卿老师打趣地问：“为什么要这么写？”许渊冲老先生调皮地回答道：“这是事实嘛！”

（二）生涯感悟

许渊冲老先生的职业是文学翻译家，这样的职业不仅养活了他，而且让他活得特别精彩。如果说职业维度解决了职业选择方向问题，那么事业维度主要探讨的是职业发展程度问题。也就是说，同样是做文学翻译家，许渊冲老先生不仅做出了巨大的乐趣，而且做出了突出的成绩，让文学翻译事业前进一大步。

遇见对的职业，才能拥有永不泯灭的热情。

对于许渊冲老先生来说，文学翻译家就是对的职业。许渊冲老先生说，生命不在于活了多少日子，而在于记住了多少日子，所以要让每一个日子都值得记忆，这些话提醒我们不要“白活”了。我们需要思考的是，许渊冲老先生是如何让每一个日子都值得记忆的？

显然，许渊冲老先生每一天都在努力做事情，每一天都能看见新的劳动成果，这样的日子当然都值得记忆！那么，许渊冲老先生都 90 多岁了，为什么还要那么努力呢？因为他从文学翻译中获得了巨大的乐趣，同时也让自己的事业更进了一步。换言之，许渊冲老先生喜欢文学翻译这项工作，所以不愿意放弃。

从职业到事业，其间的桥梁叫“兴趣”。

笔者坚信兴趣是让一个人持续做好一件事的动力。我们在面对工作时，只要有了兴趣，就会不待扬鞭自奋蹄，这样更容易获得喜悦和成绩。那么，我们现在就需要发现自己的兴趣领域了。

如果我们已经拥有明显的兴趣领域，那么在辨别真伪及比较强弱后，就应该坚定地朝着这个方向走下去，不管外界风吹浪打。当然，我们的兴趣可能会发生变化，或者还没有找到适宜的兴趣领域。此刻，我们要怎么做呢？

我们可以尝试着探索更多领域，用心体验其中的趣味，并判断是否有进一步发展的可能性，那些擅长的、认为重要的、关注很多的领域，都有可能成为我们的兴趣领域。当然，我们的探索必须是真诚且深入的，而不是敷衍了事的，不然根本不会产生深切的体验。

需要特别说明，做感兴趣的事情，除了令人喜悦之外，还会让人感到劳累，就像看书看久了眼睛会疲劳一样。因此，守护一种兴趣，并不是轻轻松松就可以实现的，同样需要我们足够坚毅、足够勤奋、足够用心。想成为许渊冲老先生那样的“天才”，一要有强烈的兴趣，二要有持续的精力投入。

（三）生涯素描

某高三学生在填报志愿时，遇到了困扰：他非常喜欢电子工程专业，但是他的高考分数比较尴尬，如果报考某传统名校的话，可能录取不到电子工程专业，甚至极有可能被调剂到与之毫无关系的其他专业；但如果报考稍微“差一点”的某重点高校的话，就非常有把握录取到电子工程专业。

1. 案例分析

如果您是这位高三学生，您会怎么办？请写出您的答案及理由。

____

____

____

____

2. 自我分析

您的兴趣是什么？或者，您比较擅长什么？或者，您比较关注什么？或者，您比较重视什么？请选择某一领域，谈一谈您在从事该领域活动时的内心感受，并把这些感受写下来。

____

____

____

____

六、变化维度

（一）生涯事件

“南非国父”曼德拉是南非首位黑人总统。在任职总统前，曼德拉是一位积极的反种族隔离人士，同时也是非洲国民大会的武装组织——民族之矛的领袖。当他领导反种族隔离运动时，南非法院以密谋推翻政府等罪名将他定罪。

依据判决，曼德拉在牢中服刑了 27 年。在狱中的 27 年，曼德拉受尽虐待。1990 年出狱后，曼德拉转而支持调解与协商，并在推动多元族群民主的过渡期挺身而出。自种族隔离制度终结以来，曼德拉受到了来自各界的赞许，包括从前的反对者。

在就任总统时，曼德拉还邀请了三名曾虐待过他的看守到场。当曼德拉起身恭敬地向看守致敬时，在场所有人都静了下来。曼德拉说：“当我走出囚室，迈过通往自由的监狱大门时，我已经清楚，自己若不能把悲痛与怨恨留在身后，那么我仍在狱中。”

（二）生涯感悟

俗话说，“三十年河东，三十年河西。”原意是：从前黄河河道不固定，经常会改道；某个地方原来在河的东面，若干年后，因黄河水流改道，这个地方会变为在河的西面。这句俗话常被用来比喻人事的盛衰兴替，变化无常，甚至有时候会向反面转变，令人难以预料。

正因如此，我们需要从变化维度来探讨生涯的奥秘。

曼德拉身处监狱 27 年，但走出监狱后，不仅成了南非首位黑人总统，而且还成了广受尊敬的“南非国父”。这种 180 度的生涯大转变，确实让人难以置信。然而，这却是事实。此外，同样为了反对种族隔离运动，曼德拉在入狱前主张暴力运动，出狱后却支持调解与协商，主张和平解决问题，在思想上发生了巨大转变。

大人物的生涯如此，小人物的生涯亦如此。只要活着，一切都没有定论。当身处逆境时，我们需要对未来满怀信心；当身处顺境时，我们需要对美好充满敬畏；当硬着头皮走一条路时，我们需要想一想是否有另外一种选择；当对某些人事极度厌恶的时候，我们需要看到背后的本质原因……说不定，一切都在悄悄发生变化。

当然，我们必须看到更深层的原因，曼德拉的生涯之所以朝着令人期待和尊敬的方向转变，是因为他持之以恒地朝着“真善美”的方向去努力。他没有放弃、没有懈怠，同时还在积极反思、努力实践。这正是从变化维度探讨生涯的重要价值，相信真善美，追求真善美，力行真善美，永远微笑，永远向前，要积极为良性变化创造条件。

作为平凡的人，我们的生涯可能平平淡淡，不会像曼德拉那样大起大落，但同样可以创造精彩，创造属于小人物的精彩。当我们对生活不再将就、想变得更好的时候，我们的生涯就已经在悄悄变化。

需要说明的是，生涯可能会朝着越来越理想的方向变化，也可能会朝着越来越糟糕的方向变化。我们可以试想一下，如果曼德拉没有把悲痛与怨恨留在身后，那么被关押 27 年的曼德拉，又会做出什么样的举动呢？他还会向曾经虐待过他的看守致敬吗？他还会支持通过调解与协商的方式来解决种族隔离问题吗？他还会受到包括曾经的反对者在内的各界人士的赞许吗？这一切都可能发生变化。

从这个角度来说，经历更多岁月的磨砺，我们需要变得更加有智慧，更懂得通过主动、温和、科学的方式来解决问题，不轻易造就任何一只可能会侵蚀生涯的“蛀虫”，让生涯“稳中有进”。稳，是变好的前提；变好，是稳的结果。我们不仅要想到“变”，更要想到“稳”，然后再“稳中求变”。

（三）生涯素描

您觉得您的人生可能会发生哪些变化？这些变化可能发生在什么时间？这些变化可能会给您带来哪些影响？您要通过哪些支撑来实现这些变化呢？请在图 1–4 中填写相应内容，并揣摩内容是否符合内心的真实想法。

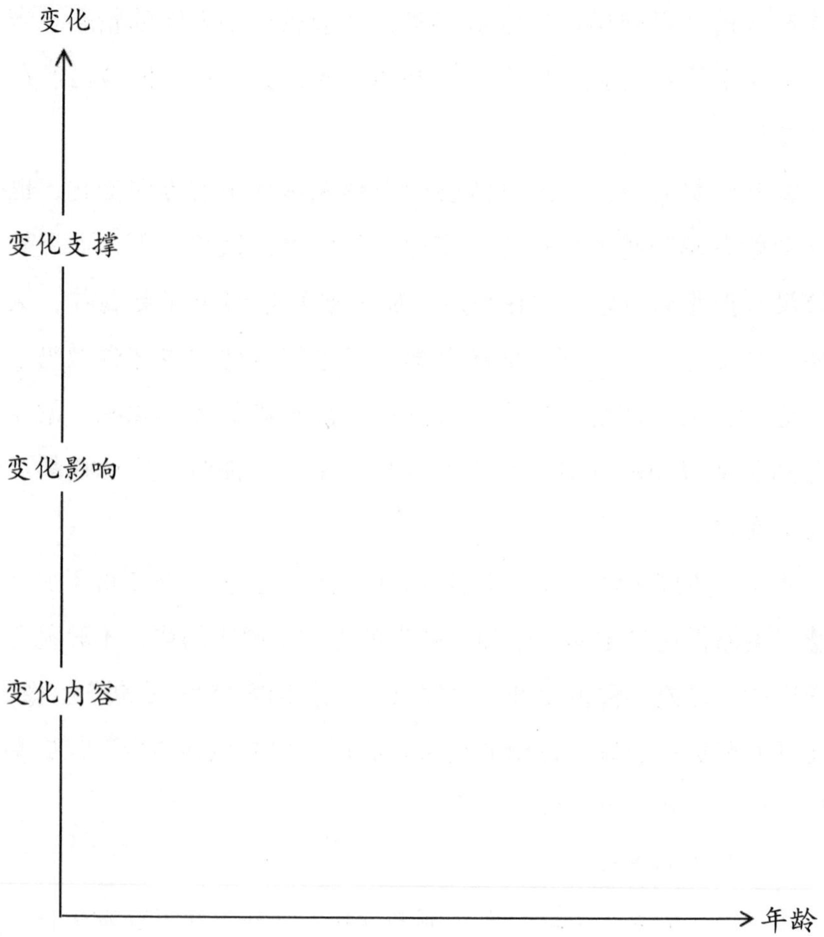

图 1-4　人生不同阶段变化预测

第二章　这样的生涯理想吗？

一、有所爱好

（一）生涯事件

2011年，41岁的山东单县农民朱之文在一档选秀节目中脱颖而出。他外表朴实，打扮土气，一开口，展现的却是优美的歌声。朱之文唱歌的视频广为传播，他迅速蹿红网络；有网友称朱之文技惊四座。

朱之文从小就爱唱歌，家里没人支持也没人阻拦，所以他就一直这么唱着。朱之文没有接受过专业的训练。小学的时候老师教唱革命歌曲，8岁的朱之文站起来就唱，当时老师还表扬了他。12岁时，父亲去世了，朱之文辍学回了家，帮着母亲种地、砍柴。那时，朱之文刚刚读到小学三年级。

16岁那年，朱之文和村里人一起到北京打工。刚到北京那几天，大家找不着工作，也没钱买吃的，于是十多个人凑钱买了一碗面条吃。轮到朱之文吃的时候，碗里只剩几口汤了。饿极了，大家掰柳树芽吃；闷了，朱之文给大家唱歌。朱之文说，当时大家一边听一边嘻嘻哈哈地笑，说他没心没肺的，但唱歌确实让人喜悦，还能解闷。

20岁时，朱之文花15块钱在旧货市场买了一个录音机，又花了一块五毛钱买了一盘《中华大家唱（卡拉OK曲库）》磁带。朱之文说，之后他天天听，天天唱，守着这盘磁带学了一两年。后来，朱之文在旧书摊上买了一本《民族声乐的学习与训练》，边查字典边琢磨，并开始坚持每天练声，天蒙蒙亮就起床，到离家500米外的河堤上练；天亮了，就回家吃饭，下地干活。雨雪天朱之文也去练，他觉得“天气越恶劣，越能打得开嗓子”。

朱之文说，他这样坚持了20年。

（二）生涯感悟

所谓爱好，是指个体对某种事物具有浓厚的兴趣。爱好与人的积极情感相联系，在从事有关爱好的活动时，就能感到轻松、喜悦、兴奋、自信等。因此，培养良好的兴趣爱好是推动人努力学习、积极工作的重要途径。

例如，一些足球迷，一谈起足球便会津津乐道，一遇到足球比赛便想一睹为快；一些文学爱好者，总喜欢读一读经典文学著作，总喜欢构思一些人物及故事。爱好能使人目标更加明确，工作更加主动，帮助人自觉克服各种困难，让人在活动过程中不断体验成功的愉悦。

值得一提的是，爱好能给人一种源源不断的强劲力量。就像朱之文一样，在极度饥饿的情况下，还能高高兴兴地唱歌；虽然只读了三年小学，但仍然翻阅字典查阅不认识的字；20年如一日地坚持练声，即便雨雪纷纷，即便人言可畏。

如此，爱好犹如一勺盐，能让平淡的生活充满丝丝咸味；爱好犹如一颗星，能让生活的天空多一点光亮；爱好犹如一滴水，能滋润生活中每一个干涸的日子……拥有了爱好，生活就有了更多乐趣，人生就有了更多精彩。

当然，对于每个人而言，爱好是非常纯粹的；或许我们不该用过于功利的视角来分析。

在第一章中提到的许渊冲老先生，他每天凌晨三四点就开始工作，比年轻人干劲儿还足。他说，如果他活到100岁，就要把莎士比亚的作品翻译完，许渊冲老先生已经90多岁高龄了，对他来说文学翻译早已和功名利禄无关，已升华为“精神寄托”。

这样的精神寄托，不仅支撑着许渊冲老先生活着，同时也支撑着他好好活着。因此，只要还能做文学翻译，许渊冲老先生就不容易倒下。从这一点来看，精神寄托并非虚幻、摸不着的东西，而是一根实实在在存在的“柱子”，让人安心，让人舒心。对于许渊冲老先生来说，只要还能做文学翻译，那日子就会无比丰富多彩；对于朱之文来说，只要能唱歌，饿肚子又算什么呢？精神寄托确实给了我们希望、勇气和力量。

精神寄托虽然看不见，却是实实在在存在的，承载着对人生意义的描绘。一方面，在喧嚣沉寂、身心疲惫、仰望天空的时候，精神寄托就会悄悄跑出来和我们对话，说一说我们的泪，谈一谈我们的笑，让我们看到天空中最闪亮的那颗星星。另一方面，一个“呱呱”叫以响亮方式来到世界的稚嫩生命，或许并没有什么意义，在后来的生活中，被赋予某种神圣且厚重的意义，意义可能让我们纠结，但依然值得“千年等一回”。

（三）生涯素描

我们的爱好可能不如朱之文的那么明显，需要我们细心发现；也可能不如朱之文的水平那么高，需要我们顺利起步。其实，这都不要紧，重要的是爱好可以给予我们喜悦、力量和精彩。在过去的岁月中，您拥有什么爱好吗？或者，经过这一次探讨，您发现自己的爱好了吗？欢迎您回顾某次相关经历的真切体验，并把关键词记录下来。

您的爱好是：________________________

您的体验是：________________________

您的故事是：____

____

____

二、有所探索

（一）生涯事件

哥伦布通过阅读《马可·波罗游记》，一直幻想着有朝一日能够远游世界。为此，哥伦布辛苦制订远航计划并多方寻求支持。1492年8月3日清晨，哥伦布带领87名水手，驾驶3艘帆船，开始了人类历史上第一次横渡大西洋的壮举。

没有鲜花，没有礼炮，没有隆重的欢送仪式。谁也不知道在茫茫无际的大西洋上，等待船队的究竟是什么。航行生活不仅不浪漫，还十分单调乏味，且时时充满危险。但是，哥伦布不想半途而废，坚持继续向西航行。

在航行两个月零9天之后，哥伦布终于到达了美洲巴哈马群岛。在岛上生活5个多月后，哥伦布返回了西班牙。在一次欢迎宴会上，忽然有人高声说道："我看这件事不值得这样庆祝，哥伦布只不过是坐着船往西走，再往西走，碰上了那块大陆而已。其实只要坐船一直向西航行，谁都会有这项发现。"

顿时，全场鸦雀无声。这时，哥伦布笑着站起来说："这位先生讲得似乎很对。其实不然，我们不妨一试。"说着，他顺手抓起桌上放着的熟鸡蛋，接着说："请各位试试看，谁能使熟鸡蛋的小头朝下，在桌上立起来？"

气氛又活跃了起来，大家都拿起熟鸡蛋，试着、滚着、笑着，但谁也没能把它立起来。刚才说话的那位绅士得意扬扬地说："既然哥伦布提出了这个问题，那么他自己一定能办到。现在就请他把熟蛋小头朝下立在桌面上吧！"

全场的眼光都朝哥伦布看过来，只见他微笑着，手握鸡蛋，小头朝下，"啪"一声敲在桌子上，手一松，那鸡蛋就牢牢地立在桌上了。那人高叫起来："这不能算，你把蛋壳摔破，当然可以立住。"

这时，哥伦布正色说道："对！你和我的差别就在这里，你是不敢摔，我是敢摔。你我之间只是敢与不敢之别。世界上的一切发现和发明，在一些人看来都是再简单不过的。但是，请记住，那总是在发明者指出应该怎么做之后。"

（二）生涯感悟

在上一节内容中，我们共同探讨了"有所爱好"。有爱好，是特别幸运的事。但是，如何才能把爱好经营好呢？这就需要我们不断地探索，否则爱好就成了摆设，不能起到持续给予我们力量的作用。

那么，探索什么呢？

一方面，我们要始终对爱好保持好奇之心。比如，我们爱好唱歌，对于一首常见的歌曲来说，我们是否能唱得更好？即便自我感觉唱得已经非常完美了，但是不是可以更好一点呢？或者说，我们可否尝试一种新的唱法？看看能否产生意想不到的效果。

另一方面，我们要始终对爱好负有开疆拓土的责任。当下，我们已进入 5G 时代，而这离进入 4G 时代不过几年时间而已。我们的爱好所在领域的发展，仿佛一个不断变大的圆，而我们负有让爱好之圆变大的责任。当然，我们不一定能让爱好之圆变大，但确实可以“虽不能至，心向往之”。

需要说明的是，既然是探索，就存在所谓的成功或失败。爱迪生在发明灯丝时曾尝试了上万种材料，但在记者采访他时却说道：“我并没有失败过一万次，只是成功地发现了一万种行不通的方法。”可见，在探索的路上，每一种探索都是某种意义上的成功，并不存在所谓的“失败”。探索的意义，既有结果上的意义，也有过程上的意义。

那么，我们就开始探索吧！

（三）生涯素描

如果把我们的爱好领域比作一个圆，那么这个圆下一步的突破口在哪里？您觉得自己可以做些什么？当然，在现有的圆内，您也可以考虑从哪些角度可以深挖？您又准备挖出什么呢？请从广度和深度两个方面，说一说您打算从哪些方向来探索自己的爱好（见表 2-1）。

表 2-1　人生爱好的深度与广度描述

	爱好
广度	
深度	

三、有所感动

（一）生涯事件

2008 年 5 月 12 日 14 时 28 分，汶川大地震发生……2008 年 5 月 13 日 23 时 50 分，救护车的鸣笛声响彻汉旺镇，救援人员在德阳市东汽中学的坍塌教学楼里连续救出了四名学生。“我们发现他的时候，他双臂张开着趴在课桌上，身下死死地护着四个学生，四个学生都活着！”一位救援人员向记者描述着当时的场景。

他，就是谭千秋老师！

“要不是有老师在上面护着，这四个娃儿一个也活不了！”一位被救女生的亲属说。

就是这双曾经传播无数知识的手臂，在地震发生的一瞬间从死神手中夺回了四个年轻的生命！

（二）生涯感悟

谭老师是一位普通的教师。在地震发生之前，谭老师像其他老师一样，备课，讲课，批改作业，看不出有什么特殊之处，甚至，谭老师也可能严厉地批评过学生，让少数学生怀疑他可能不是一位真正关爱学生的老师。普通人的光辉，或许就是日光下手电筒的光亮，淹没在平凡的岁月中，几乎让人觉察不到。

谭老师也是一位伟大的教师。他的伟大之处在于，在生命定格的瞬间，谭老师的姿态不是“一个人在逃命”，而是张开双臂把四个学生牢牢地护在身下，像老母鸡守护小鸡一样。我们无从知晓谭老师刹那间的想法，但不容置疑的是，他张开了双臂，不管是责任使然，还是本性使然。或许，这是许多普通人都难以达到的伟大境界。

感动是一种能力。曾有人戏言，父母对我们十几年的养育，可能不曾获得我们一丝感动；但面馆老板多给几片蔬菜，我们可能就会有温暖涌上心头的感觉。当然，面馆老板的行为，值得我们感动；但父母的日常陪伴，何尝不值得我们感动。没有人有义务做到完美。此刻，感动是一种能力，因为它能让我们体验到别人带来的些许光亮，并让我们心存感恩。每个人都需要修炼这种能力，以在平凡的生活中保留发现涟漪的可能，让生活不至于因平凡而无味。

感动是一种动力。可以想象一下，当我们对某人的言行产生感动时，那一刻我们最想做什么？我的体会是，一是想感谢，看能否做点事情回报别人的美德；二是想学习，希望自己以后也能成为这样可以给别人带来感动的人。如此一来，感动就成了一种持久且强劲的动力源泉，让我们内心的阳光越来越多，让我们越来越想见贤思齐。

从感动的角度来说，人生不外乎两件事：一是为别人感动；二是让别人感动。

为别人感动，这是我们对他人的言行所产生温暖的感知及评价，既说明我们是有感动能力的人，也说明我们具有正常的价值导向——知冷暖，识好坏，辨是非，守礼仪。显然，这是我们创建具有幸福感生涯所需要的基础。否则，我们将“四季不察，五谷不分”，成为彻彻底底的“石头”。

让别人感动，这是我们努力让生命更有意义的尝试及追求，既说明我们是追求生命意义的人，也说明我们是积极主动的实践者。

（三）生涯素描

从我们有记忆以来，曾有幸遇到过哪些让自己感动的事情？又曾做过哪些让别人感动的事情呢？让自己感动时，我们的体验是什么？让别人感动时，我们的体验是什么？请以关键词形式，分别填写图 2–1 和图 2–2，然后通过两张图的对比，发现自己以后的努力方向。

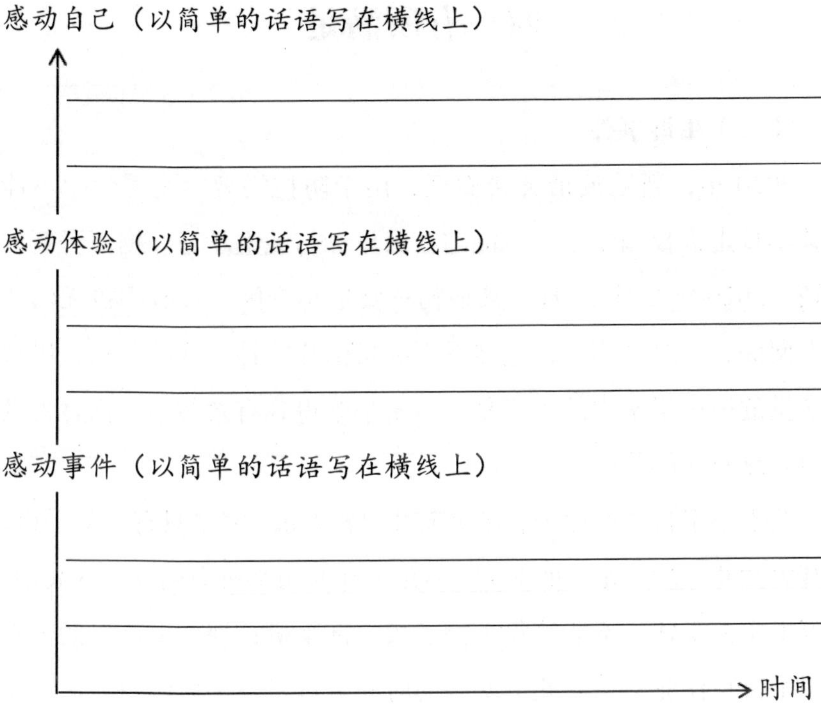

图 2-1　记录让自己感动的事

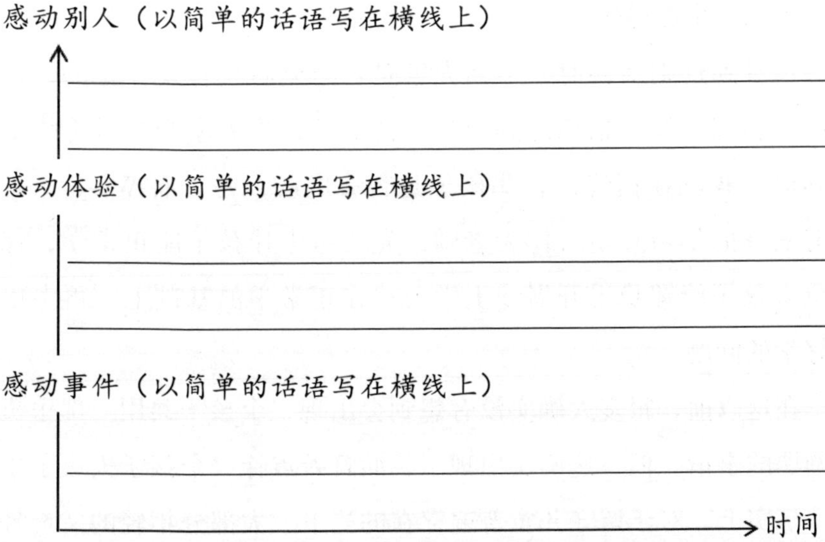

图 2-2　记录让别人感动的事

四、有所满足

（一）生涯事件

2020年，新冠疫情突袭而至，出于防控需要，全国学生不能在开学日走进校园学习，只能宅在家里参与线上学习。据澎湃新闻报道，2020年2月29日，某地初三女生小李因为没有手机无法按时上网课，一时想不开，竟然吞下大量治疗精神疾病的药物，以致生命垂危……不幸中的万幸是，后来小李得到有效救治，而且得到了很多热心人的帮助。

关于小李自杀的原因，其父亲对记者表示，家里只有一部手机，但其大女儿、二女儿（小李）、小儿子都要用手机上网课，要共用，而家里实在没钱，不能给每个孩子买一部手机；那天上高二的大女儿用手机写作业，二女儿上网课的时间就过了，之后学校要出考试题，所以小李比较着急，情急之下就做了傻事。

（二）生涯感悟

当看到这则新闻时，不知大家是否感到特别惊讶？是的，初看这个新闻，我也稍稍感到意外。说实话，当大家开始讨论线上教学时，我就在担忧，有些孩子是否有电脑，是否有Wi-Fi，是否有安静的学习环境？作为老师，先要考虑让孩子能正常学，保障更多孩子能够稳妥开展线上学习；在正常学的基础上，再考虑好好学的问题。

在这以前，很多人确实没有想到会出现三个孩子共用一部手机上网课的事情。但，这确实出现了，而且差点让一个孩子失去了生命。事实上，对于留守儿童普遍存在的当下，大部分年轻的父母外出务工，剩下年迈且几乎不懂信息技术的爷爷奶奶在协助孙子孙女开展线上学习，这也是非常困难的事情。

显然，过去坐在教室里的学习，全体孩子的学习条件几乎是一样的，一般不存在能否正常学的问题。此刻，我们必须把孩子的学习条件放在重要考虑位置，因为孩子们学习条件的差别，实在是太大了。

我们都有必要了解这令人悲伤的信息。当我们还在为选择用电脑、手机还是平板而发愁的时候，是否知道有同龄人无手机可用？不知是否有人会说，他们家那么穷，有什么办法。

对于家庭，我们有选择的机会吗？

我们有没有可能出生在那样的家庭呢？

更何况，一个家庭的贫穷和很多因素有关，把贫穷的责任推给父母、祖父母都是极不公平的。因此，不管生在什么样的家庭，满足于已有，努力于想有而未有，这才是应有的平常心。否则，我们即便出生在任何类型的家庭，也会有不满足的地方。

如小李的遭遇，只是生涯中的一次小事情，对于无限可能的未来，错失一次上课机会，错过一次考试，完全可以通过调整自己，并向老师解释情况，而不是结束自己的生命。

所以，我们需要确认自己在家庭中的角色，如果我们是索取者，就永远不会满足，到头来只剩下埋怨；如果我们是建设者，则会满足于已有，并思考如何改善。而后者，是我们在家庭中的价值体现，也是责任使然。

推而广之，对于我们的人生也是如此，作为自我人生的建设者，我们也要满足于已有，并不断努力于想有而未有，这才是乐观开朗、积极向上的人生。当然，想“有”的可能很多，我们可能永远都得不到，此时的人生秘诀依然是“满足于已有，不断努力于想有而未有”。

（三）生涯素描

亲爱的朋友们，当下的我们满足于什么？健康、和睦、兴趣、财富、爱护等？未来的我们想努力追求什么？让我们一起来做个规划，画一辆“人生之车”吧（见图 2–3）。

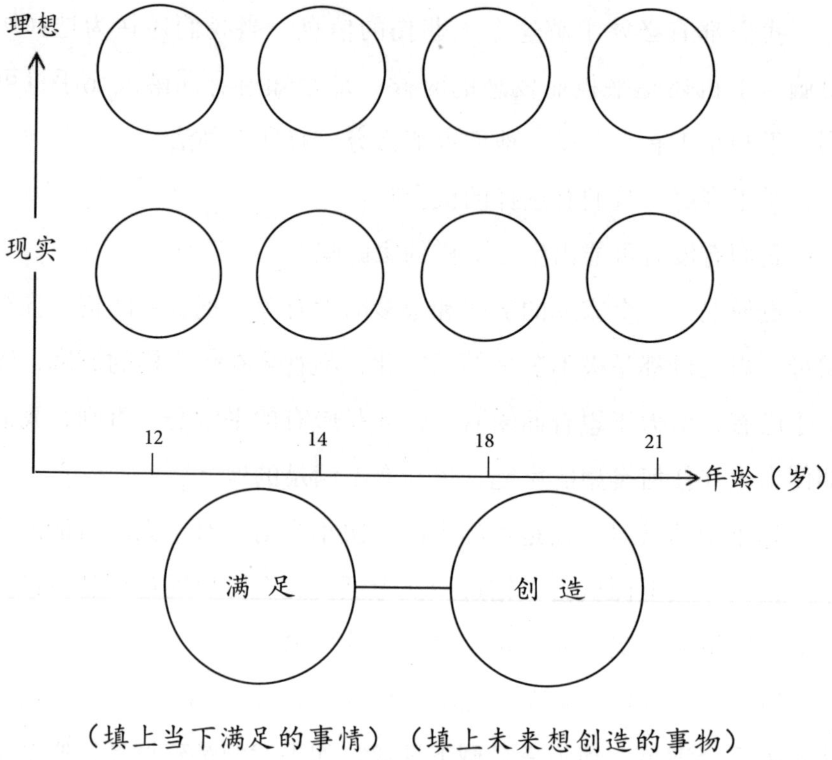

图 2-3　生涯规划

第三章　生涯教育做什么？

一、拯救自我

（一）生涯事件

纽约州第53任州长、纽约历史上第一位黑人州长，是一位双目近乎全失明的人。

他叫戴维·帕特森。在当选州长后，他创造了“两个第一”：纽约的第一位黑人州长；纽约的第一位盲人州长。作为黑人和盲人，戴维·帕特森却让大家不约而同地认为：只有戴维·帕特森当州长，纽约政局才能实现平稳过渡。

戴维·帕特森是如何做到的呢？

戴维·帕特森曾说过：“尽管我是少数群体中的一员，同时又是少数群体中的少数群体，但是我可以做好任何事，不找任何借口。”不难看出，戴维·帕特森之所以能成功，创造人生的辉煌，是因为他任何时候都把自己当成一个强者，不为自己寻找退缩的理由。

比如，在学校，戴维·帕特森既打篮球，又跑马拉松，还参加话剧演出，几乎超越了一个正常的人；高中毕业，他以优异的成绩进入著名的哥伦比亚大学攻读历史专业，其学习成绩非常优异。后来，戴维·帕特森虽然遭遇挫折，但依然坚持勇往直前。

（二）生涯感悟

领导大泽乡起义的陈胜曾说出一句流传千古的话：“王侯将相宁有种乎？”

从中国的历史来看，这句话激励了无数底层百姓，让原本普通的老百姓在一系列领域崭露头角，甚至成为行业翘楚。这句话之所以有这么大的功效，是因为它揭示了一个简单朴素却强劲有力的常识：事在人为。

是的，在判断一个人在某领域到底能走多远的时候，坚持一直走下去就是最科学的依据。只要不停地往前走，脚步就会越来越向前，前面的路也会变得更加开阔。真正的悬崖峭壁和走投无路，是刚走两步就停下脚步的时刻。

我们无法准确预测持续前行可能带来的结果，尤其是那些出乎我们意料的结果。我们需要做的，就是选择一个方向，前行，前行，再前行。每一步前行，都包含着无限的可能性。而这无限的可能性，为人生增添了一层又一层神秘色彩，值得我们去努力探索。

戴维·帕特森，一个从小就双目失明的黑人，没有给自己的人生设限，而是相信自己是强者，于是不断前行、不断突破，不断把人生这个看似紧缩的圆球向外推一点，再推一点，创造了精彩无比的人生。他无疑最终拯救了那个常人眼中根本不可能再做成什么事情的自己。

是的，戴维·帕特森的持续前行，拯救了他自己。

而我们，是否早已被限制在某个区域了呢？

显然，一个人的发展，最怕的就是自我设限，并且以宗教般的虔诚把这种自我设限看成了不可改变的“命中注定”，于是在遭遇挫折时不分析原因和反思改进办法，而是寻找各种看似客观、实则可笑的理由来淡化、忽视自己的主体责任；或者，梦想做成一件事情，却不努力，抑或象征性地努力一下，但到头来却狡辩说“再努力也没用”。显然，这种自我设限，就是在前行的路上修筑一道厚实且高大的墙，让人看不到希望，令人心灰意冷，着实不应是积极进取者应该持有的人生态度。

需要强调的是，本文引用“王侯将相宁有种乎”这句话，并不是暗暗提醒大家都要做人上人，而是要告诉大家一个道理：每一个人的人生都充满各种可能性，一切都还没有定论；只要我们坚持朝着某个方向一直走下去，不断突破，就终会有所成就。

（三）生涯素描

想象每个人的人生都是一个球体，这个球体的边界决定了一个人生命的长短、幸福的多少、事业的成败……作为年轻人，我们看到了多远？想到了哪些可能性？我们希望能在这个球体的哪些方面做突破呢？我们又有哪些路径呢？请在图 3-1 中描绘吧（实线代表我们已经感知到的实际位置，虚线代表未来突破的可能性，在环形区描述实际情况与未来突破的愿景）。

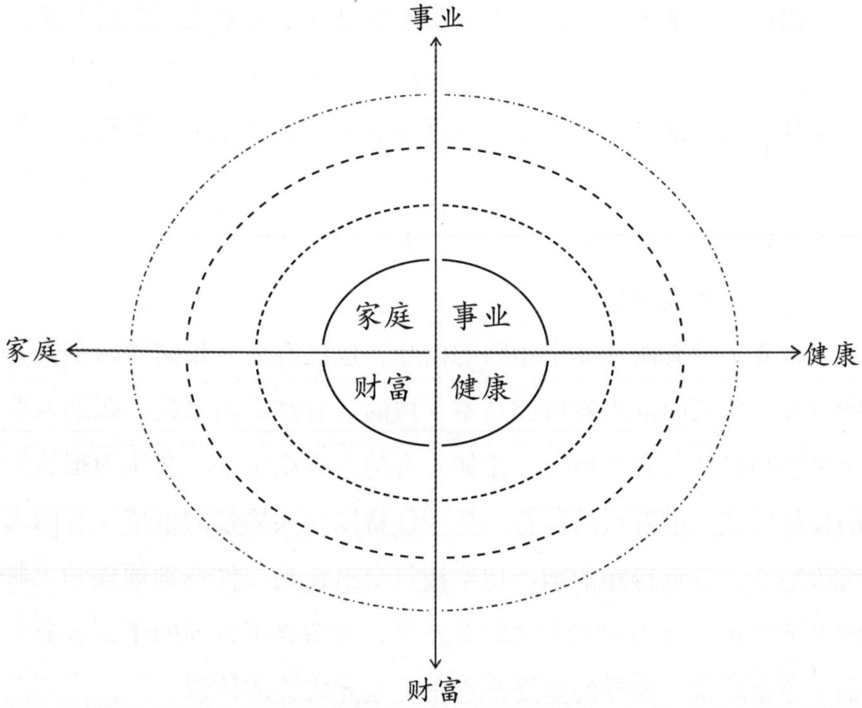

图 3-1　人生球图

二、发现自我

（一）生涯事件

胡适先生一生以文学、哲学闻名于世，先后获得35个博士学位（包括荣誉博士学位）。其实，胡适先生初到美国留学时，就读的是纽约州康奈尔大学农学系。

在康奈尔大学农学系就读期间，胡适先生必须实习各项农事，包括洗马、套车、驾车等，还要下玉米田。胡适先生对这些还都有兴趣，也可应付，可是到了学习苹果分类时，德谟克利特的自然哲学和伊壁鸠鲁的自然哲学的差别却让胡适十分头大，并且由此意识到自己的兴趣并不在农学方面。

四百多种苹果分类，对美国农家出身的学生来说，二三十分钟就可分门别类，弄得一清二楚；胡适先生即便花上两个半小时，却只能分辨出一部分。胡适先生本以学农来节省学费接济家庭，在苹果实习课后，自知不是学农的料子，于是改修文史哲，最终成为我国著名思想家、文学家、哲学家、新文化运动领袖。

（二）生涯感悟

世界上没有两片完全相同的树叶，也没有完全相同的两个人，所以人和人之间的兴趣可能是不一样的。有些人的兴趣，在别人看来可能颇显“莫名其妙”。比如，有的人喜欢烹饪，会认为把新鲜的食材做成一道可口的佳肴，是一件特别令人愉悦的事情；有的人讨厌烹饪，总觉得和油烟、切菜板打交道，是一件特别烦琐和无聊的事情。正是因为人和人之间有差异，才造就了世界的丰富多彩；毫不夸张地说，世界的多姿多彩正是差异之美的体现。

人和人的兴趣不一样，人和人的天赋也不尽相同。多元智能理论指出，人在特定情景中解决问题并有所创造的能力是不一样的，如建筑师的空间智能比较强，运动员的肢体运作智能比较强，作家的内省智能比较强等。可见，不同的人会有不同的优势智能，教育需要引导学生发现自己的优势智能。

需要强调的是，每个人都要认识到自己与他人的优势，都要尊重自己的差异，并好好利用自己的优势。比如，姚明打篮球打得特别好，这有他的身高优势，身高也是他与他人的显著差异；姚明从事篮球活动，就尊重了自己的差异，并好好利用了自己的优势。如果姚明很“倔强”，看不上打篮球，非要硬着头皮研究数学问题，也许就不能取得如在篮球界般的成绩。

综上，如果我们能找到自己喜欢且又擅长的领域，自然既能持续获得积极体验又能容易做出成绩。胡适先生改修文史哲，正是找到了自己喜欢且又擅长的领域，所以一生“勤谨和缓”，一世硕果累累。

若想有所作为，我们可以先看看自己的兴趣点在哪里，然后在这一领域躬耕不辍，借以判断兴趣点与擅长点是否完全契合或异常靠近。当然，这个判断过程不能是浅尝辄止的；有些兴趣，值得我们用一生去守护、发现，正所谓“此生为志趣而来”。

（三）生涯素描

下面有两个圆圈，一个是“兴趣领域”，一个是“擅长领域”。对于兴趣领域和擅长领域，大家均不必过于严苛，只要是喜欢做的事情和自我感觉做得不错的事情，都可以写进去。正如前文所说，发现自我的过程可能是漫长的，我们只要朝着这个方向去发现就可以，发现“兴趣”与“擅长”间的契合点最好，没有发现也不用着急。

需要说明的是，我们的“兴趣”和“擅长”都需要通过专业或职业等载体来支撑。因此，如果我们继续求学，那么要尽可能根据最佳契合点来确定专业方向；如果我们准备工作，那么要尽可能根据最佳契合点确定职业方向。这样，我们才能为兴趣领域和擅长领域注入可持续发展的动力，让我们的兴趣和擅长有踏实的依靠（见图 3-2）。

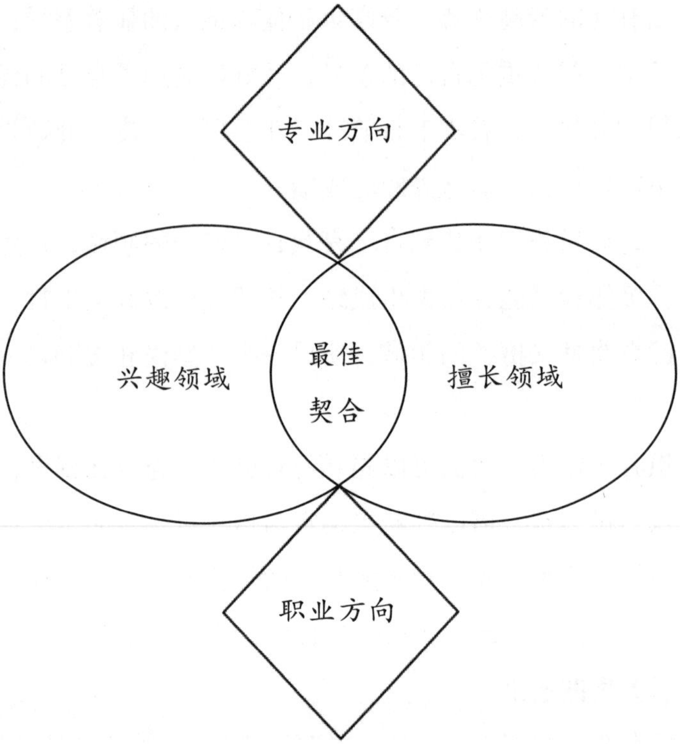

图 3-2 “兴趣”“擅长”与职业发展关系

三、探索自我

（一）生涯事件

达·芬奇被后人誉为“文艺复兴时期最完美的代表”，是人类历史上极为少见的全才。他最大的成就是绘画，但在天文、建筑、雕塑、音乐、数学、物理、地质、医学、考古、水利等领域也都颇有建树。

达·芬奇的艺术天赋在少年时已显露，他15岁左右到佛罗伦萨拜师学艺，成长为具有科学素养的画家、雕刻家。但是，达·芬奇并未系统地学习过数学、医学、天文等知识，那他为什么能在这些领域取得那么丰硕的成果呢？

达·芬奇说，大自然才是他真正的老师。为了认识自然、认识自己，这位文艺复兴时期的天才不遗余力地探索着。据说，达·芬奇曾亲自解剖了几十具尸体，对人体骨骼、肌肉、关节以及内脏器官进行精确的了解和绘制。

（二）生涯感悟

众所周知，古希腊德尔斐神殿里有一块石碑，上面写着：“人啊，认识你自己！”这句话对苏格拉底产生了巨大的影响，苏格拉底也将其作为自己研究哲学的宣言。苏格拉底认为，哲学要关注人自身，并对自身心灵进行审视。据此，苏格拉底说：“未经审视的人生不值得度过。”

对自我的不断探索，要基于持续对人生的审视上，即要持之以恒地“认识自己”。因为准确地认识自己是艰难的，所以对自我的探索也不是一蹴而就的。毫不夸张地说，认识自己需要一辈子，探索自我也需要一辈子。

就像达·芬奇一样，他早年一直在绘画领域耕耘，中年时涉猎范围广泛，晚年则集中于科学研究。探索世界的领域发生了转变，标志着自我探索的持续。当然，探索未必要出成果，但探索必须要充满趣味，因为每一颗浓烈的好奇心都转变为充满热情的行动，好奇心就会得到极大的回报。

让人生不断充满探索的趣味，这样会不会比茫然不知所措更精彩呢？

现在，我们回到那三个古老的问题：我是谁；我从哪里来；我要到哪里去。我们要通过对这三个问题的不断追问，看到自己的心灵、兴趣、追求，看到自己的优势智能，看到自己的追求方向，看到自己的行走路径，看到自己的突破力量；用每一次的追问结果来重新定义当下的自己，以慢慢看到更立体、更丰富的自己。是的，每一天的自己都是全新的；认识自己永远在路上，没有终点，也没有定论。可以说，探索自我是一生的事业。

认识自己是探索自我的起点，而探索自我又为认识自己提供了新的信息。认识自己与探索自我就这样相辅相成、共同前行。作为普通人，我们也需要这样不断地认识自己与探索自我，因为未来的每一个日子都需要新鲜的趣味。

当然，我们也不要“胡乱探索自己”。比如，现在很多年轻人都特别想经商，但经商需要项目、资金、人力等资源。一方面，我们要评估自己是否适合经商，要衡量自己是否具备经商的条件，要想到成功，但也要考虑到也许会出现最糟糕的情况，因此要做好全面、详尽的预案；另一方面，我们要果断摒弃一些不合理的想法，有人可能会成为马云那样成功的商人，但并不是所有人都能那样。我们可以一直在追求，但不要给自己定下短时间内非要怎样的目标，并不是每一次探索都是合理且可以成功的。

（三）生涯素描

在我们过去的人生中，是否有一件事能让我们更加“认识自己”？这件事情为什么能让你更加“认识自己”？你主要做了什么事情（探索路径）？原来的自己是怎样的（旧我）？崭新的自己又是怎样的（新我）？我们一起来梳理吧（见图 3-3）！

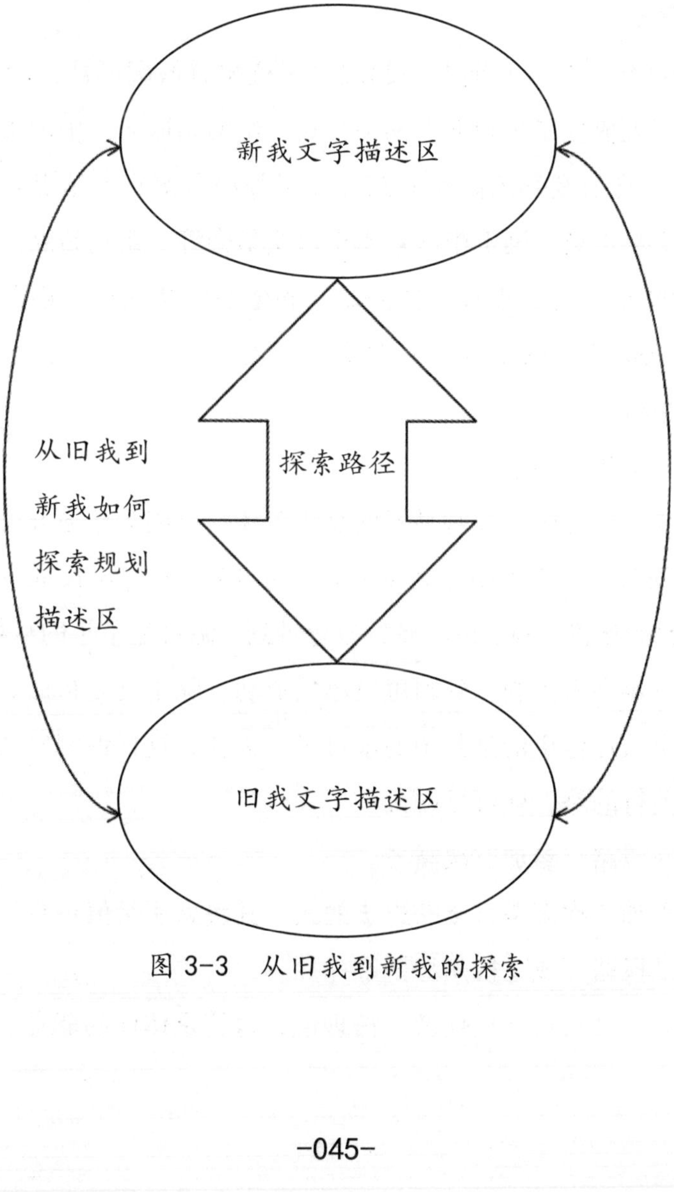

图 3-3　从旧我到新我的探索

四、创造自我

（一）生涯事件

经历三次高考后，马云于 1984 年考上了杭州师范大学；1988 年，马云被分配到杭州电子工业学院教外语，成为一名大学教师。当时，马云的工资大约每月 110 元，于是他找了不少兼职，并利用课余时间担任导游。

1992 年，马云和朋友一起成立了杭州海博翻译社；1995 年，马云等三人成立了杭州海博网络公司，给网站取名“中国黄页”；1997 年，马云及其团队在北京开发了外经贸部官方站点、网上中国商品交易市场、网上中国技术出口交易会等一系列站点。

1999 年，马云正式辞去公职，和他的团队回杭州创办阿里巴巴；自 2003 年开始，他先后创办淘宝网、支付宝、天猫等国内电子商务平台。

（二）生涯感悟

作为一名老师，我对马云的真正关注，是因为他主导的“乡村教育计划”：每年为 100 名乡村教师和 20 名乡村校长提供经费及学习支持。据说，马云的“乡村教育计划”源自他早年的从教经历。

从三年高考失利，到阿里巴巴的成功，除了马云自己，可能没有第二个人比他更清楚其中的艰难了。为什么这样说呢？我们看一看马云前行的路，就可见端倪。

第一段路：参加三次高考。

能参加三次高考且屡获进步的人，其毅力还是值得肯定的。

第二段路：成立杭州海博翻译社。

当时，马云在高校任教。按理说，这算是体面的职业，但他还是发挥特长，寻求更广阔的发展空间。也就是说，马云在做好本职工作的同时，基于敏锐的判断力，为自己打开了一扇新的窗。

第三段路：创办“中国黄页”。

这在中国，算是创造性工作。这说明马云有做事的魄力。

第四段路：创办阿里巴巴。

这一次，马云发现了全新的中国电子商务发展模式，既有眼光又有魄力。

如果把人的发展空间比作一个“蚕茧”的话，那么马云这只小“蚕蛹”在做什么呢？他在靠毅力和魄力进入一片新天地。我认为，马云在创业阶段至少突破了不少大大小小的蚕茧，创造了不少有价值的事物。

而我们，突破了多少蚕茧呢？

有人说，我们没办法和马云比。当然，要取得他的成就，我们绝大多数人也许做不到。不过，马云的起点并不算高，一个那么想参加高考的人，第一次高考数学成绩为 1 分，第二次 19 分，第三次 89 分。成功，或许都是在一次次的破茧中慢慢修炼的。而我们，也可以拥有自己的突破，也可以创造一个新的自己。

我常跟学生说，我们的“样子”就是我们自己一手创造的“作品”，别人都说我们勤奋，那是因为我们有勤奋的行为；别人都说我们懒惰，那是因为我们有懒惰的行为。我们想让自己是什么“样子”，就要朝着那个方向创造自己。我们的“样子”不是天生的，而是由一系列自我创造的行动合力而成的。

当然，我们到底是什么“样子”，不是给别人看的，而是供我们自己“欣赏”。在“欣赏”自我的时候，我们若能感到满足和幸福，那说明我们基本上已经创造出理想的自我；如果我们能感觉到还可以在某些方面“修饰”一下自己，那说明我们找到了一个新的“破茧”的地方，这当然是创造自我的继续。

（三）生涯素描

在过去的岁月中，我们是否拥有“破茧”的经历？这里的破茧经历可以是爬上一棵树，可以是跨过一道渠，当然也可以是在学业上取得重大突破。只要是让你觉得自己的发展空间变大了的经历，都可以称为破茧经历。现在，我们就一起来理一理这段破茧经历，把破茧前后的感受写一写吧，特别是破茧后看到之前从未看到的可能性，要详细写出来（见表 3-1）。

表 3-1　人生破茧经历

	写一写
破茧前	
破茧后	

第四章 『三成』是什么？

一、成人为叶

（一）生涯事件

新冠疫情突袭而至，自 2020 年 1 月 23 日以来，全国 95 支医疗队共 43 000 余名医护人员陆续驰援湖北；随着病患人员的减少，从 2020 年 3 月 17 日开始，援鄂医疗队分批撤离湖北。看着援鄂医疗队员远去的背影，武汉居民集体在阳台为他们送行，并齐声大喊：“谢谢你们，白衣天使，再见了！”

援鄂医疗队创造了累累硕果，也留下了令人永远难忘的感动瞬间。

2020 年 3 月 4 日上午，武汉华中科技大学同济医院中法新城院区收到了一位即将出院的患者的感谢信，收信人是全体医护人员。这封信来自湖北警官学院的一名退休教师，她在感谢信中回忆入院以来的经历和感受，用真挚的话语感恩援鄂医护人员的医者仁心，我努力地想记住你们每一个人，可是，我没有办法看清你们的脸；我努力地想记下你们每个人的名字，可惜，我依然没有办法记全……

（二）生涯感悟

何谓感恩？

词典上说，感恩是“对别人所给的帮助表示感激，是对他人帮助的回报”。

别人帮助我们，为什么要感激、回报？

受助者可能都会有这样的体验：身处困境，别人伸来援手，确实会感动，因为别人可以不伸援手；对于及时伸来援手的人，我们会对他产生敬佩之情，因为帮助别人的善举包含着助人者的某种牺牲。总之，接受帮助的人会觉得自己给伸出援手的人带来麻烦，会对伸出援手的人感到有亏欠；在产生亏欠心理后，接受帮助的人就会产生一种补偿心理，想通过言语、物质等给予伸出援手的人感谢或回报，以求得内心的平衡；同时，受助者也会向助人者学习，在适当的时候也会向他人伸出援手，以获得心理上的慰藉。

通过分析，我们可以看出，感恩背后有复杂的心理过程，主要包括感动、敬佩、亏欠、补偿、学习等。这样看来，帮助别人是善举，感恩别人同样也是善举，如果大家都积极帮助别人，就能培养出更多积极助人的人。

正因如此，我们希望有越来越多的人懂得感恩。我们常说，要培养善良的人，但何谓善良？善良的起点在哪里？人们又该如何来表达自己的善良？其实，感恩就是通向善良的重要路径，试想一下，在别人给予我们帮助时，我们都不觉得要感动、要敬佩、要补偿、要学习，那么在看到别人身处困境时，我们还会主动帮助他人吗？

看到别人身处困境，有些人没有任何情感反应，这是麻木；看到别人身处困境，有些人会对他人的苦难、不幸产生关怀、理解的情感反应，这是同情。

同情的本质是对他人苦难的感同身受。有同情心理的人能意识到他人之苦，他们虽未亲身经历，却如同亲身经历过一般。这就需要一种对身处苦难中的人的关注，展现博大的爱，即悲悯心理。在具有悲悯心的人看来，人和人之间实际上不应该有那么大的差异，所以就愿意真诚地帮助弱者。叔本华曾说，道德的起源和基石就是看透他人和自我之间的无差异性。

我们大致可用下面的逻辑来诠释叔本华的伦理学：先认识到“人与我之间的无差异”，然后能“对他人痛苦的感同身受”，紧接着“同情心油然而生”，进而逐步“建立包括公正和仁爱的悲悯思想”，最后“养成高尚的道德”。

因此，相对来说，感恩心理的形成不需要过高的认知水平，容易发生；悲悯心理的形成需要更高的认知水平，难以出现。当然，悲悯是道德的体现，感恩也是道德的体现，两者相辅相成，并无轻重好坏之分。只不过，感恩作为通往善良的重要路径，值得我们普通人慢慢修炼。

事实上，懂得感恩的人，并不会吃亏。

一方面，感恩可以让我们的心灵更加坦然。新冠疫情突袭以来，全民居家隔离，我们都深切感受到，即便在科学技术发达的今天，好好生活仍然是不易的。不同的人有不同的压力，也会面临不同的苦难。此刻，更需要感恩那些让我们的生活不至于变得更糟糕的人，但不要把亏欠感一直埋在心底，因为这会让我们的心灵受到煎熬——遇到帮扶，就及时感恩，这无疑会让我们的心灵更加坦然。

另一方面，感恩可以为我们注入成长动力。很多人在帮助我们的时候，或许都没有想过要得到回报。正如我们含辛茹苦的父母，他们之所以“不说苦，不怕累”地帮助我们，就是想让我们生活得更好一点，仅此而已。此刻，我们能回报他们的，就是持续努力成长，不要让他们再为我们操更多的心。是的，当我们意识到要感恩父母时，其实就已经获得了强劲的成长动力。可以说，越懂得感恩的人，就越能获得充沛的成长动力，越能孕育更丰盈的希望。

于我而言，感恩是人“成人”的重要标志。感恩作为通往善良的重要路径，能够产生真诚、友善、团结等很多优秀品质，是“成人”的基石；感恩源于个体的心灵需要和发展需要，不是高谈阔论，也不会虚无缥缈；懂得感恩、学会感恩的人，就让“人”有了看得见、摸得着的支撑。希望有越来越多的人懂得感恩、学会感恩，把自己塑造成一个有具体支撑的“大写的人”。

如前所述，感恩于成人的作用，就像树叶之于树。我们越懂得感恩，就越能获得心灵的坦然及成长的动力，就像树叶越鲜绿，就越能进行光合作用，也能让树木看起来更茂盛。一个懂得感恩的人，就是一个懂得如何为自身成长进行“光合作用”的人，就是一个“充满成长希望和动力”的人。

（三）生涯素描

在过去的岁月中，我们可能遇到了很多让我们感恩的人和事儿。现在，请选择其中一个印象最为深刻的故事，按照自己的心理变化、观念变化和行为变化做一番梳理吧（见图 4-1）。

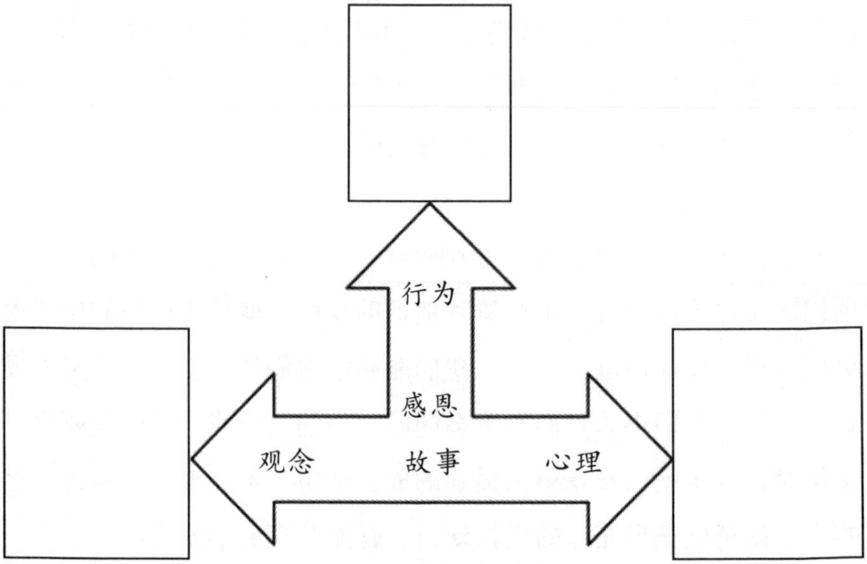

图 4-1　印象最深的人和事

二、成才为干

（一）生涯事件

中央电视台第四套中文国际频道《面对面》栏目“我的父亲钱学森”节目播报，1950年，钱学森被美国司法部移民归化局非法拘留。被保释出狱后，钱学森开始了长达五年的软禁生涯。时任美国海军次长的丹尼·金布尔声称，钱学森无论走到哪里，都抵得上五个师的兵力，他们绝不放他回国。从此，钱学森失去了宝贵的自由，直至1955年才在中华人民共和国多次外交援助下回到祖国。

回国后，钱学森致力于中国航天事业的发展，弥补了中国科技领域的多项空白，使中国导弹的发射时间至少向前推进了20年。

钱学森的导师冯·卡门曾说：“钱学森是1945年我向美国空军科学顾问组推荐的专家之一。他是一个无可置疑的天才，我发现他非常有想象力，他具有卓越的数学才智。人们都说是我发现了钱学森。其实，是钱学森发现了我。”[①]

（二）生涯感悟

何谓人才？我认为人才是指具有一定专业知识或专门技能，能进行创造性劳动，是人力资源中能力和素质较高的劳动者。何谓英才？我认为英才是指才智杰出的人。何谓天才？我认为天才是指具有卓越想象力、创造力和突出聪明才智的人。

绝大多数普通人可以通过努力成为人才，极少数人可能属于英才或天才。因此，本书的成才，主要是指“成为人才”，也就是成为“具有一定专业知识或专门技能，能进行创造性劳动的人”。

① 冯·卡门，李·埃德森．航空航天时代的科技奇才[M]．曹开成，译．上海：复旦大学出版社，2019.

钱学森是天才级别的人才，要不然也不会在回国时受到那么多阻拦。这也告诉我们一个道理，判断一个人是不是人才的最简单办法，就是看“原单位会不会挽留，新单位愿不愿接受”。一个原单位不肯放、新单位又要抢的人，算得上是人才；一个原单位想踢走、新单位不愿要的人，不算是人才。我们当然都想成为前者，而不愿成为后者。

那么，如何才能成为人才呢？

一方面，要学习过硬的专业知识或专门技能。专业知识和专业技能从哪里来？当然是学习来的。这就告诉我们，必须勤奋学习；不管从事哪种工作，都需要学习相关知识、技能。养鸡，需要养鸡的知识和技能；烹饪，需要烹饪的知识和技能；航天，需要航天的知识和技能。学习知识或技能当然是不难的，只要找到了自己不厌烦的领域，坚持记诵、理解、应用就可以了。这个世界上，可能没有比学习更轻松的事情了。

另一方面，要能进行创造性工作。所谓创造性工作，主要是指前人未曾做过的工作，一种是发明新事物（如鲁班发明锯子），一种是发现新规律（如门捷列夫发现元素周期律）。事实上，创造是在熟练掌握前人工作的基础上向前推进一点点——学到的专业知识或专业技能，要娴熟应用；在熟能生巧的基础上，改进不足或变换方式，这就是创造。听起来，创造很难，其实不然。比如，绝大多数桌子是四条腿，有没有一些可以改成三条腿的？这都是创造。

当然，学习和创造，除了需要一定的体力外，还需要大量的脑力劳动，需要对学习对象或工作对象进行分析、综合、推理、判断等思维活动，即思考。有人开玩笑说，思考会死脑细胞的。确实，思考很辛苦，深入思考更辛苦。然而，“人是一棵思考的芦苇”，不思考，我们就可能退回到动物社会了。

也就是说，我们需要通过思考，让学习和创造真正发生，以免让学习和创造流于形式，停于表面，浮于人前。学会思考，是我们成为人才的充分必要条件；因为离开了思考，学习和创造不可能真正发生。

我们为什么要成为人才？

这当然不是仅仅为了让“原单位留我，新单位抢我”，而是为了自我实现的需要。马斯洛曾说，人最高层次的需要就是自我实现——让身心潜能得到充分发挥，逐步实现内心的梦想，最终看看“我”到底可以做些什么或做成些什么！这样的人生，明天和今天相比是新的，而不是明天和今天一样。

也就是说，走在成为人才的路上，就好像爬一座高耸入云的大山；我们每多学习一点专业知识或专业技能，多一次创造性工作，就仿佛又往山上爬了一点，这样我们就可以看到更远的地方，看到更多的风景，当然也感受到更明媚的阳光和更清澈的天空。

那么，成为人才的动力源自哪里呢？

正如前文所说，不管是学习专业知识或专业技能，还是开展创造性工作，都需要付出大量的体力劳动和脑力劳动。也就是说，成为人才，并不是特别轻松的事情，要不然学校不会出现那么多厌学的人——学习可是世界上最具回报价值的投资，很多人懂这个道理，但即便如此，却依然不想学习。

有没有一种东西，可以让成才变得更加有吸引力呢？

当然有，这种东西就是兴趣。

所谓兴趣，指人认识某种事物或从事某种活动的心理倾向，以满足认识和探索外界事物的需要为基础，是推动人认识事物、探索事物的重要动机，而且处于动机的最深水平。由兴趣的概念可知，兴趣是能让人在累得满头大汗时依然可以手舞足蹈的神秘药方。有了兴趣后，人工作时依然会感觉到累，但是这种累以兴奋、喜悦、成就感为前提。

心理学家阿尔波特认为兴趣能让人类产生一种“自主性功能”，可以驱策人自觉行动。如幼儿对某项运动的兴趣支持着其感觉与运动之间的协调，以及运动技能的发展，为身体的生长和发育打下基础；缺乏“兴趣”这类感情性唤醒会让人产生严重的智力迟钝或冷漠无情。

教育学家赫尔巴特发现在兴趣状态下人可以产生两种心理活动，一种是“专心”，“集中于任何主题或对象而排斥其他事物”的心理活动；另一种是“审思”，协调、同化新旧观念的一种统觉活动。赫尔巴特认为，当专心活动和审思活动交替进行时，可以让人进行“精神呼吸活动”。这是多么愉悦的事情啊！

那么，如何培养自己的兴趣呢？

首先，增加知识储备，为培养兴趣扩大选择范围。

知识越丰富，了解的层面就越广，体验的机会就越多，找到真正兴趣的概率也就越大。显然，知识是产生兴趣的基础条件。比如，我们一点都不了解太空知识，怎么可能会产生探索太空的兴趣呢？因此，要培养某种兴趣，最好先有某种知识的积累。

其次，参与实践活动，为培养兴趣提供直接体验。

我们要积极参加各种各样的实践活动，以获取参与活动的切实体验。比如，我们参加篮球运动时，感觉浑身都充满了力量，也享受了进球的快乐，因此在闲暇时都忍不住会想一想投篮的技巧，甚至有时不顾老师和家长的反对而去偷偷打篮球。这样一来，我们就通过参与篮球活动，获得了极度喜欢篮球运动的体验，从而就可将篮球运动作为自己的兴趣，将来考大学填报专业时就可以考虑篮球运动专业了。

再次，认识价值意义，为培养兴趣寻找间接路径。

对于中国人来说，2019 年岁末和 2020 年年初，是一段特殊的时期，因为新冠疫情突袭，我们都宅家过了一个完整的春节，甚至到了 3 月，我们都不能正常开学，只能通过居家学习的方式来上课。在这期间，是否有很多青少年朋友认为传染学、防疫学、检验学等医学专业具有重大的社会价值意义，因而立下了学医的志向？是的，我们都是社会人，我们的兴趣不可避免地具有社会特征。所以，认识某领域对社会发展的价值意义，是我们培养兴趣的间接路径。

最后，根据自身特点，为培养兴趣确立客观依据。

每个人的生活环境、教育条件、身心发育等因素都是不尽相同的，这就需要我们综合分析自身特点，为培养兴趣确立客观依据。比如，如果我们读的书特别多，又特别喜欢安静，可以考虑写作是不是可能成为兴趣；如果我们特别喜欢大自然，身体素质也比较好，可以考虑研究地质是不是可能成为兴趣；如果我们特别喜欢和小朋友一起玩，性格也比较开朗，可以考虑研究教育是不是可能成为兴趣。根据自身特点，选择一个适合自己的兴趣，这是非常科学的培养兴趣的方法，值得一试。

同时，一个人的兴趣，可以分为职业兴趣和生活兴趣。不管是职业兴趣还是生活兴趣，都有可能让我们成为相应领域的专门人才。职业兴趣可以和生活兴趣重合，当然也可以是两种不同方向，这要根据个人情况来定。

拥有兴趣是能成长的标志。想成才，就从培养兴趣开始吧。

（三）生涯素描

下面，我们一起来回忆一下最成功的学习或创造经历，重点想一想这次经历让自己产生了哪些前所未有的感受，然后把我们所做的事情及感受填写在图 4–2 树干旁边的方格内吧。树干中的数字表示我们在成才路上的每一个脚印，同时也反映了我们成才路上的高度。

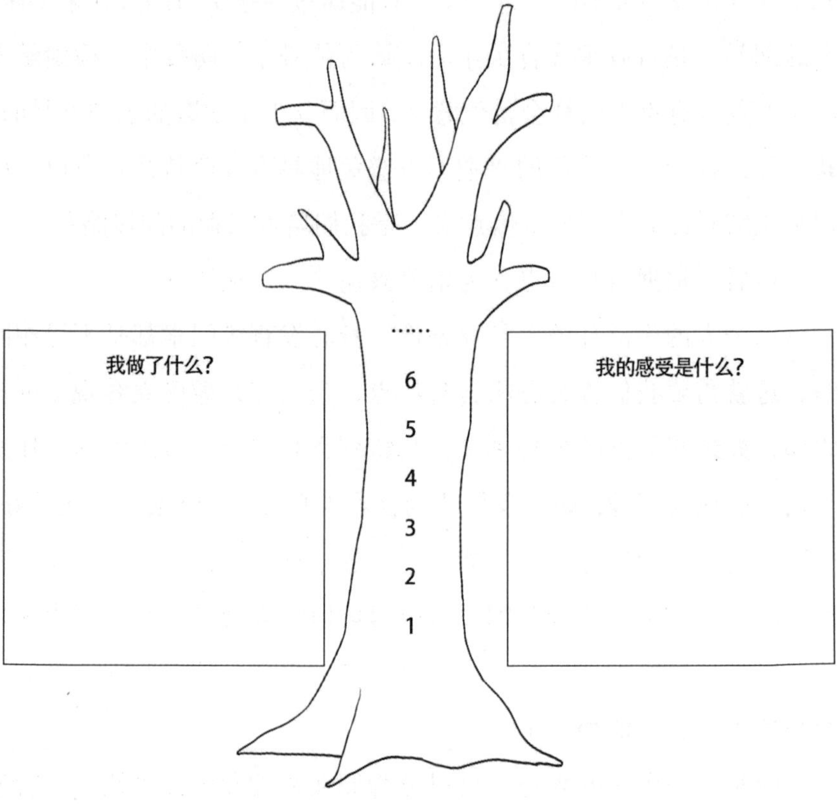

图 4–2　我的那些成功经历

三、成事为根

（一）生涯事件

王勃是“初唐四杰”之一，他写的《滕王阁序》被誉为千古绝唱。这篇文章是如何产生的呢？据说某年九月，王勃计划去看望父亲，走到南昌时，正逢重阳节。王勃来到滕王阁游玩，如痴如醉地看着眼前美景，不禁文思泉涌，不能自已。

刚巧，南昌都督正邀请一帮文人雅士仿效兰亭旧事，以滕王阁为题赋诗。纸墨刚刚送到，王勃便上前拿起笔来，饱蘸浓墨，然后挥笔疾书起来。就这样，“落霞与孤鹜齐飞，秋水共长天一色”等名句便从笔端不断溢出。

其实，南昌都督是想让自己的女婿当众写一篇序文，以显示其才华。王勃远道而来，不明就里，加上年轻气盛、恃才傲物，联想到自己的不幸遭遇，情思满怀，不吐不快，于是留下了这篇世代流传的不朽之作。虽说是机缘巧合，但文章写得确实漂亮。

一天，唐高宗读到此文，不禁拍案，惊道：“此乃千古绝唱，真天才也。”其实，王勃聪敏好学，6 岁能文，下笔流畅，被赞为“神童”；9 岁时，读秘书监颜师古《汉书注》，作《指瑕》十卷，以纠正其错；16 岁时，进士及第，授朝散郎。

（二）生涯感悟

毛泽东曾说，王勃这个人高才博学，他的文章很值得一读。如今再看，王勃确实是个少见的人才。但是，我们需要思考一个问题：我们是如何知道王勃那么有才的？或者说，王勃的才华是如何体现出来的呢？

显然，我们是通过王勃做的事看出来的。比如，王勃 6 岁就能写文章，9岁时就能写十卷文章来指出《汉书注》的谬误，16岁时就考取了进士，20余岁时就写出了不朽之作《滕王阁序》。

现在我们做一个假设：如果王勃6岁时没有写文章，9岁时没有对《汉书注》勘误，16岁时没有考取进士，20余岁时也没有写出《滕王阁序》。那么，我们还会认为王勃很有才华吗？

我们都知道《伤仲永》的故事，方仲永5岁时无师自通，就能写诗，写得还非常不错。那时的方仲永算得上是天才。后来，方仲永"泯然众人矣"。这是为何？是因为方仲永写不出优秀作品了。如果方仲永后来能拿出《滕王阁序》那样的千古名文，人们还会说他平庸吗？当然不会。天才方仲永已经没有支撑"天才"荣誉的作品了。

由此可见，人的才华需要通过一定的作品来展现、佐证。否则，说某人是个人才，就成了一句无凭无据的空话。再则，有才的人不仅需要自我实现，也需要为社会作贡献，实在不应把才华捂得严严实实的，不让才华发酵、发光、发热。

成事，既可以展现才华，还可以满足个人和社会的需要。因此，我们要追求"成事"，学生需要专注的过程和优异的成绩，医生需要把病人治好，科学家需要有新的发明或发现，作家需要写出新的著作……不难看出，成才是成事的基础，而成事又会不断地提升才华。也就是说，成才与成事相互支撑、相互促进。

那么，成事除了需要成才作为重要支撑外，还需要什么呢？

我认为是"责任"。所谓责任，简单来说，就是一种职责和任务。责任产生于社会关系中的相互承诺，伴随着人类社会的出现而出现。在社会的舞台上，每种角色往往都意味着一种责任——作为学生，我们有学习的责任；作为子女，我们有赡养老人的责任；作为医生，我们有救死扶伤的责任；作为军人，我们有保家卫国的责任；作为科学家，我们有推动世界前进的责任……

作为教师，备好每一节课、上好每一堂课，既是教书育人工作的责任，也是对教书育人工作的热爱。当然，要负起这份教书育人的责任，我会花费大量的时间和精力，是会感觉到累的。每当看到学生因为我们的精心备课和激情上课而满脸笑容时，这不就是作为教师最大的乐趣吗？

责任感确实是衡量一个人精神素质的重要指标。教师不用心教书育人，学生不专心致志学习，医生敷衍了事看病，科学家随意假造研究数据……对于这些人，我们难以承认他们是合格的教师、学生、医生和科学家；面对没责任感的他们，大家都会极其不放心的。

事实上，责任感除了让我们能感受到负起责任的乐趣外，还能为我们的人生发展指明方向。印度近代作家普列姆昌德就曾说，责任感常常会纠正人的狭隘性，当我们徘徊于迷途的时候，它会成为可靠的向导。这是什么意思呢？比如，作为教师，当出现职业倦怠感的时候，我可能就做不到精心备课和激情上课了，但一想到教书育人的责任，就会想方设法克服职业倦怠感，以免误人子弟。这不就是责任感纠正了人的狭隘性，并成为改变人的向导了吗？

作为青少年，当对未来产生迷茫时，我们认真想一想自己要尽的责任，可能就会在迷茫中看到一丝光亮。

那么，责任和成事之间到底是什么关系呢？

我们有了责任意识，就会“想干事”；然后就有了责任行为，就会“真干事”；最后才能有责任成果，就会“干成事”。可见，责任是保障我们成事的利器。没有责任作保障，我们即便成才了，也不见得能成事。比如，孙悟空确实是个人才，但如果他担负的责任就是在花果山吃吃喝喝，到头来就真的一事无成。

我们要负的责任，按对象不同，可分为对自己、对家庭、对社会、对工作等方面。对社会的责任？不知大家是否觉得离自己比较遥远？其实不然，我们每时每刻可能都在尽自己的社会责任。比如，新冠疫情防控期间，我们宅在家里不外出，就是对社会尽责。

这里，想和大家重点聊一聊一个人对自己应负的责任。

每一个人都拥有独特且唯一的生命，没有前生，没有来世。生命真的非常珍贵，人如此，动物亦如此。以“蚕”为例，蚕的生命从蚕卵孵出蚁蚕开始，到蚕蛾死亡为止，只有五十多天！在这短短的五十多天里，蚕总共要蜕六次皮，每一次蜕皮前都不吃不喝，而且还要不断挣扎，这是高强度的体力活。

在蜕四次皮后，蚕开始吐丝、结茧，吃了大约一个月的桑叶，然后要吐出一千米左右长度的蚕丝，慢慢地把自己包裹起来。吐丝时蚕要把头昂得老高且来回摆动，也是高强度的体力活；在“作茧自缚”后，蚕要化茧成蝶，这又是一个极度艰苦的体力活——蚕蛹要在蚕茧里完成一生最后一次蜕皮，然后慢慢把蚕茧一点一点撕开。

蚕一生经历蚕卵、幼虫、蚕蛹、蚕蛾四个阶段，但只有在幼虫阶段可以进食，在变成蚕蛾之后，由于口器退化不再能进食，几天后就会死去。而雌蛾在此期间还要完成产卵的任务，此间蚕虽然经历化茧成蝶的美丽，但也很快到了生命的终点。

从蚕的一生来看，它们一直在努力，而且要经历多次蜕皮和一次破茧的痛苦，最终化茧成蝶。不得不说，蚕的一生极其不易。作为学生，大家可能都会听老师说过这样的话：学习是最幸福、最容易的事情。不经历世事，都不会真正明白。但确实是这样的，当从校园走向社会，大家就会发现比学习更复杂更烦琐、更令人痛苦和无奈的事情有很多。这就是人生的常态，不管是贫穷还是富有，每个人都有自己的难处和痛处。

正因人生不易，我们更需倍加珍惜，即便像蚕蛾那样几天就会死去，也要经历化茧成蝶的精彩。需要强调的，正是每个人都需要对自己负责，我们先不要谈对他人负责，先想一想自己是否对自己的生命负责。生命如此宝贵，我们是如何对待的呢？是否意识到它的独特性和可能性？是否努力为它创造哪怕一次绽放的机会呢？

有一点兴趣，尽一点责任，成一点事业，让生命之洲不再荒芜。这就是对自己负责。

当开始想着对自己、家庭、工作、社会尽责任后，我们就慢慢具有了担当精神，成了有担当的人。2020年年初，新冠疫情袭来，武汉市金银潭医院身患“渐冻症”的“铁人院长”张定宇，敏锐地发现这种病毒的“不一般”，一方面要求医务人员做好防护；另一方面快速开辟出隔离区，坚持吃住在医院，全身心投入患者救治工作，不仅救治了大量重症患者，还最大限度地保护了医务人员，把“疫情防护战”打得很漂亮，并受到普遍赞誉。张定宇院长之所以能做成事情，就是因为他有担当、敢担当、善担当，因为有担当精神的人，才会努力往前冲，才会尽心解决问题。

我认为，拥有责任感是能成事的重要标志。想成事，就从培养责任意识开始吧！

（三）生涯素描

在过去的岁月中，我们做成过哪些事情？做成这些事情需要哪些才华？做成这些事情让我们获得了哪些评价？做成这些事情让我们有哪些感受？下面，请选择一件非常突出的事情，慢慢体会成才与成事之间的关系，并按从下到上的顺序，将其写在图 4-3 中。

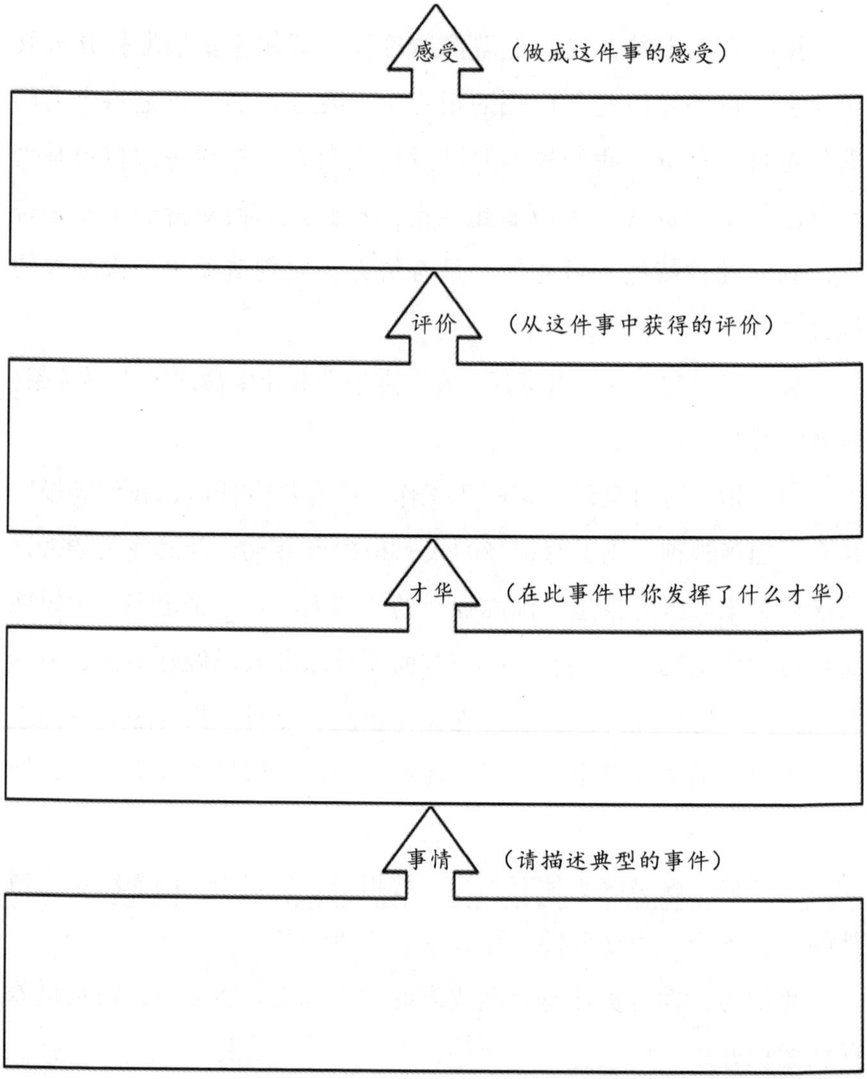

图 4-3　成才与成事的关系

四、“三成”关系

（一）生涯事件

陈一丹，是腾讯主要创办人之一、腾讯公益慈善基金会发起人兼荣誉理事长、陈一丹基金会发起人、武汉学院创办人、西湖大学创校校董。1998 年，陈一丹参与创立腾讯公司。合伙人马化腾曾说，陈一丹为公司职能体系、价值观、文化等方面的建设作出了巨大贡献，生动地诠释了“首席行政官”的定义；同时，陈一丹是正直、友善、关爱和信任的代名词。

2013 年，陈一丹卸任腾讯首席行政官，积极投身于公益慈善事业，被誉为“中国互联网公益教父”“互联网公益第一人”、第一位获得“中华慈善奖”的互联网企业家、中国十大慈善家；2017 年 5 月，陈一丹以年度捐赠 23.7 亿现金位列福布斯中国慈善榜榜首。中华慈善颁奖词写道：陈一丹为中国企业家践行责任、回报社会起到积极的榜样作用和示范作用。

陈一丹曾说，办教育是不求回报的公益事业，更是带着信仰与使命的志业。对于什么是成功，陈一丹这样说，成功是一个过程，并非想象中的那个结果，也并非外界评价的那个结果。如果我们按照自己的理念工作、生活，在过程中是快乐的、幸福的、踏实的，那就是成功。

（二）生涯感悟

作为教师，我对陈一丹的关注，源自他对教育事业的持续投入。

陈一丹参与创立腾讯公司，为公司职能体系的构建、公司价值观的确立、公司文化的培育等方面作出了巨大贡献，这既能说明陈一丹成才，也能说明陈一丹成事；陈一丹对社会满怀感恩之心，积极投身于公益慈善事业，获评中国十大慈善家，这说明陈一丹成人。

那么，成人、成才、成事之间到底是怎样的关系呢？

我们首先来想象一棵大树的样子：根深、干粗、叶茂，绿树成荫，郁郁葱葱，高耸入云，生机盎然，鸟儿在树上筑巢、安家、鸣叫，孩童借助梯子攀上树干，人们在树荫下乘凉，上上下下都是一派欣欣向荣的景象！

同样的道理，社会发展需要一项事业一项事业地向前推动，个人的发展也需要一项事业一项事业的全面支撑。像陈一丹，他参与创办了腾讯公司，获得了巨大成功，投资建设了多所大、中、小学校，做成了一件又一件事情，所以拥有广阔的发展空间。以教师为例，如果连课都上不好，那么在学校还有什么立足之地呢？所以，我们越能成事，就越有影响，就越有价值，也就越能稳稳当当立足。成事就好比一棵树的根，在本领域越能成事，就能扎根，我们的根系就越发达，生存能力也就越强。否则，根系就越来越萎缩，我们的处境也就越来越艰难。

哥白尼一生潜心于研究天文学，并在 1513 年提出日心说，改变了人类对自然的看法，更新了人们的宇宙观。但是，当年哥白尼提出日心说的时候，人们普遍相信的是地心说，大家一下子还理解不了日心说。可见，哥白尼的天文学才华，让他了解了大家看不到的也想不通的科学知识，他仿佛站在了一个高大的梯子上眺望着远方，而绝大多数人还站在地面上。这就是才华的价值，它能让我们的眼睛看到更远的地方。因此，我们越有才，看得就越远，想得就越深，懂得就越多，也越能站在本领域发展的前沿。成才就好比一棵树的树干，在本领域越有才华，我们的树干就越高大，生存空间就越大。否则，我们的树干就越来越细小，风一吹，可能就折了。

陈一丹在年富力强的年纪就辞去了腾讯公司首席行政官的职务，专心于帮助弱势群体成长、助推教育事业发展的公益慈善事业。这让我们看到了一个人的感恩、善良、正直等高尚品德。《左传》有云：“慈者爱，出于心，恩被于业。”做公益慈善是行善者发自心底的爱，其恩德，不但会益于他人和社会，也会泽被于自己的事业。成人，不仅能让人获得心灵的升华，为自己的人生孕育更多精神营养，还能让更多人愿意与这样的人走得更近，从而让自己获得更多支持和帮助。这就是成人的魅力，它能让我们的内心世界和外部世界达到和谐的境界。因此，成人就好比一棵树的叶子，树叶越鲜绿、肥厚，通过光合作用、制造养分的功能就越突出，生长源泉就越丰足；反之，我们的树叶就越来越枯黄，最后只剩下光秃秃的树枝，鸟儿不来枝头筑巢，人们不到树下乘凉。

我们可以把一个人生涯的发展看作一棵树的成长，成人为叶，成才为干，成事为根，这就是“三成”生涯树的结构。在当初设计“三成”之间的关系时，到底在“成人”和“成事”之间，哪一个为根，哪一个为叶，我曾比较纠结。

个体生涯的向前发展不是凭空靠想象产生，而是需要一件又一件事情往前推动。显然，成事仿佛台阶，每做成一件事情，就会多出一个向前的台阶，同时也会对人生多出一份信心。一个在模拟考试中分数从未超过本科线的高三学生，大家让他把高考目标定为名牌大学，这是不现实的，因为他没有考取名牌大学的台阶和信心。

如果我们非要让他制定考取名牌大学的高考目标，那么无形之中就会给他巨大的压力。巨压之下，他会怎么办？如果承受压力的能力比较强，他可能会咬牙坚持刻苦学习，但每日的必要闲谈、必要休息、必要锻炼等都会变得更少，已经没有足够的时间和精力来关注自己如何“成人”了。如果承受压力的能力比较弱，他可能会自暴自弃，甚至会破罐子破摔，因为他看不到希望，认为那根本就是不可能完成的目标，到头来会埋怨所有帮助他树立目标的人。

这说明，成事确实可以推动个体生涯的向前发展，同时让个体对生涯的发展更有信心。

当然，我们并不否认成人也可以推动个体生涯的向前发展——比如，感恩是一种能力，也是一种动力，懂得感恩的人，一般都会充满前行的力量，想通过前行让那些帮助过自己的人感到欣慰。不过，生涯的发展既需要足够的台阶来支撑，也需要足够的信心保障，必须通过做成一件又一件事情来承载。从这个角度来说，“成事”更像生涯的根，让大树立得起、站得稳、长得旺。当我们做成更多事情的时候，“成人”也有了实在的价值依托，而不是只存在于言语之中；也就是说，“成事”能让成人进入更良性的循环，获得更真实的提升。

后来，一句古语也给我的思考带来了新的角度。

《史记·管晏列传》有云：“仓廪实而知礼节，衣食足而知荣辱。”言下之意是，老百姓粮仓充实就知道礼节，衣食饱暖就懂得荣辱。这句古语强调了品行与物质之间的关系：在一定程度上，物质上更加富裕的人，更有“闲暇”关注品行的修炼。

在中国历史上，每当民不聊生的时候，盗贼就会横行，邻人也会相残，甚至会出现易子而食的怪象。也就是说，在基本的饮食需求都得不到满足的时候，老百姓有时也顾不了品行。这种现象在一定程度上证明了“仓廪实而知礼节，衣食足而知荣辱”的客观性。当然，我们也有不食嗟来之食的典故，所以上面这种现象并不是绝对的。

根据马斯洛的需求层次理论，人们只有在满足饮食等基本需求的基础上，才会追求自尊、爱与归属、自我实现等高层次需求。这在一定程度上也反映了品行与物质之间的关系。有时，连吃饭都成问题，还去让人大谈特谈尊严，确实不够现实。

本书按照绝大多数普通人的情况，遵循“仓廪实而知礼节，衣食足而知荣辱”的古语提醒及马斯洛需求层次理论的指导，暂认为：在一般情况下，人的品行的修炼需要一定的物质作为基础。需要说明的是，这种结论可能并不适用于所有人。

基于上述一般结论，单纯就个体的整个生涯发展来说，我把“成事”看作深埋地下的树根，把“成人”看作高耸入云的树叶，主要用意就是“在走入社会前，成事可以帮助个体建立一定的信心基础，成人在一定程度上需要成事夯实信心基础；在走入社会后，成事还可以帮助个体建立一定的物质基础，成人在一定程度上需要成事提供的物质基础”。

当信心基础不够牢靠时，个体在成人时缺乏必要的信心支撑，在面对事业挑战时，不仅会缩手缩脚，甚至会在言行上出现变形，以致不能充分发挥应有的才能，最终吞下不少失败的苦果，极容易让人变得牢骚满腹、怨天尤人，哪里还懂得感恩是什么！

当物质基础不够丰盈时，个体在成人时就没有足够的心灵自由，会背负过大的心理压力。比如，子女想感恩父母，但是因为一事无成，物质基础较差，没有什么威信，还要啃老，还如何轻易谈感恩父母呢？

再次强调，“成人”为叶，“成才”为干，“成事”为根，可能只符合一般情况。

（三）生涯素描

基于“成人为叶，成才为干，成事为根”的比喻，请把自己的兴趣是什么（成才）、要负的责任是什么（成事）、要感恩的是哪些人（成人），以简洁的文字填写在图 4-4 的“三成”生涯树上。

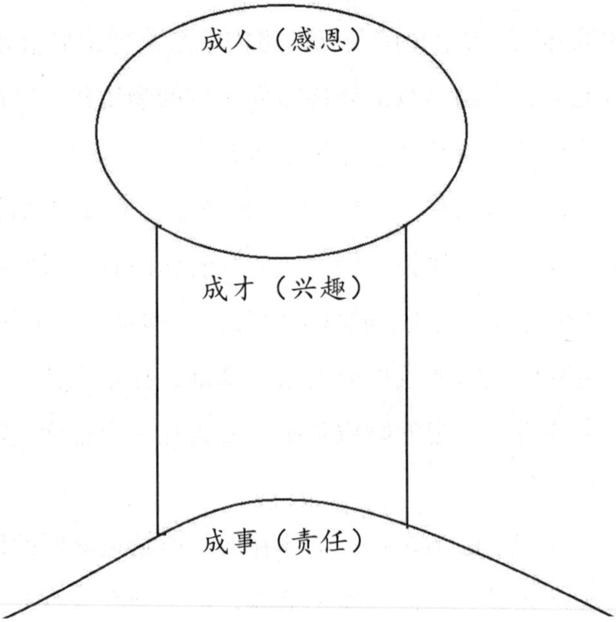

图 4-4 “三成”生涯树

第五章 『三成』怎么做？

一、关键事件

（一）生涯事件

东汉末年，曹操因刺杀董卓不成而逃离洛阳，途中来到吕伯奢家，吕伯奢吩咐家人杀猪款待曹操，然后自己前往西村买酒。曹操却误以为吕家人的磨刀行为是要杀死自己，于是杀尽吕氏家人，看到被捆绑的猪后，曹操才知道错杀了吕家人，于是赶紧逃离。在逃离过程中，曹操遇见买酒归来的吕伯奢，不但没有认错，反而因担心吕伯奢告发自己，于是挥剑砍死了吕伯奢。对此，曹操说："宁教我负天下人，休教天下人负我。"

（二）生涯感悟

曹操刺杀董卓之时，董卓势大，曹操势微；曹操稍有不慎，极可能招来杀身之祸。因此，在逃命过程中，曹操必是惊弓之鸟。此刻，曹操所做之事，不可能是经过深思熟虑的。越是这种时候，一个人的本性越会暴露无遗。这也正是关键事件在"识人"中的应用价值。

所谓关键事件，是指表现出个体典型心理特征或给个体带来深远影响的特殊经历。关键事件的界定，主要是从结果上看，至于事件本身是轰轰烈烈还是波澜不惊，并不是主要考虑的内容。比如，同样是被父母打了一巴掌，有些人会觉得无所谓，很快就会忘掉，"被打一巴掌"这件事情就成不了他们的关键事件；有些人会觉得天都要塌了，产生了刻骨铭心的记忆，于是"被打一巴掌"这件事情就成了他们的关键事件。

对于个体来说，哪些事件能称得上“关键事件”，其主要判断依据是“是否难以忘怀”或者“是否难以释怀”。那些让我们难以忘怀或者难以释怀的事件，一般都在我们内心深处留下了深刻的印记，悄悄地改变着我们的观念、思维及行为，这些都可以称为关键事件。

需要说明的是，在理解关键事件时，我们需要注意两个方面。

一方面，分析关键事件是非常个性化的工作，但需要外人给予提醒。对于所经历的事情，我们可能会有选择地“看到”某些信息，也可能有选择地“无视”某些信息。我们所“看到”的信息，正是对我们重要的信息，或者说是关键信息。但是，因为个人知识、经验及眼界等限制，我们亲眼“看到”的信息也可能是错误的，分析错误的信息，当然很难得到正确的结论。因此，我们在分析关键事件时，需要外人给予我们提醒，主要包括信息捕捉、信息理解、信息应对等方面。当然，具体怎么看待这些信息，是我们自己说了算，也是我们“了解自己”的关键之处。

另一方面，关键事件的影响需要后续事件支撑。关键事件之所以关键，在于其会对未来产生深远的影响。因此，我们在分析关键事件的影响时，需要找到事件来支撑。此时，我们既能看到关键事件的影响，也能看到我们的现实表现。这些实实在在的表现，正是我们分析自我心理、信念、价值观等方面的准确素材。从这个角度来说，我们需要时常回过头来看一看我们所经历的事情，采用回溯性思考的方式，以便好好把脉自己。比如，我们第一次在国旗下讲话的时候，感觉特别紧张，但讲完后感觉还不错，这就为我们增强了信心；那么，第二次国旗下讲话时，我们是不是会稍微从容一些？如果更从容一些，说明我们是相信自己的人；如果像第一次那么紧张，说明我们还是比较缺乏自信的。

关键事件在生涯规划中，主要有三个方面的意义。

首先，分析关键事件，了解自己。我们可以找到那些让我们难以忘怀或者难以释怀的关键事件，并据此分析自己的个性品质，从而达到了解自己的目的。

其次，珍惜关键事件，发展自己。小时候，我们可能都有这样的经历：如果自己的作文能被老师当作范文在全班学生面前朗读，那么就会觉得特别高兴，并会下定决心“好好写作文”。我们要看到关键事件的价值，当有特别优秀的平台或工作出现时，要善于抓住机会，并通过这样难得的机会来发展自己。

最后，创设关键事件，成就自己。对于个体来说，关键事件可以是偶然发生的，也可以是主动创设的。比如，为了更好地感恩父母，我们通过缜密的规划来完成某一事件，既给了父母惊喜，又让父母感受到了我们的“懂事”。这就是通过主动创设关键事件，以成就自己。

（三）生涯素描

在过去的岁月中，我们经历了哪些关键事件？请选择其中的一件，按照事件概述、我的感受、我的特征、我的变化四个方面来进行系统分析。然后，按照相同的方式，把一些重要的关键事件做系统分析，以从系列关键事件中找出“共同”来，从而让自己看到一个更为清晰、突出、全面的自己。

事件概述：____

____

____

我的感受：____

____

____

我的特征：______________________________________

____

____

我的变化：______________________________________

____

____

二、觉察信念

（一）生涯事件

一天，苏格拉底在和学生们讨论学术问题，正当互相争论的时候，他的妻子气冲冲地跑进来，把苏格拉底大骂一顿之后，又提来一桶水，猛地泼到苏格拉底身上。在场的学生们都以为苏格拉底会怒斥妻子一顿，谁知他摸了摸湿透的衣服，风趣地说："我知道，打雷以后，必定会下大雨的。"

有人忍不住问苏格拉底为什么要娶这样的妻子时，他回答说："擅长马术的人总要挑烈马骑，骑惯了烈马，驾驭其他的马就不在话下。我如果能忍受得了这种女人的话，恐怕天下就再也没有难于相处的人了。"

在苏格拉底眼中，妻子是一匹可爱又执拗的小马，勇敢大胆，桀骜不驯。他爱着她的一切。在临刑前，苏格拉底对妻子说："你知道我们是彼此相爱的。当你对我唠叨时，我心里就好受一些。你也知道，我甚至乐意听你唠叨……等着吧，我们会在极乐世界见面的，在那里我将报答你所给予的一切。”[①]

（二）生涯感悟

关于苏格拉底的这一段逸事，广为流传。很多人可能会觉得，苏格拉底在被妻子泼水后的话语，纯粹是为了调节当时尴尬的气氛。实际上，根据苏格拉底的其他话语来看，他当时的表现，并非那么简单。

在理解苏格拉底为什么这样表现之前，我们先来设想一个问题：

如果你被一个老师辱骂一顿，你会有什么感觉？

如果你被一个疯子辱骂一顿，你会有什么感觉？

一般情况下，我们认为：老师是要践行职业道德的，不能辱骂学生，所以一旦被老师辱骂，我们肯定会有不良情绪；而疯子，常常疯疯癫癫的，往往“胡作非为”，被他们辱骂，多数人不但不会计较，反而还会同情他们。

由此，我们可以看到，面对同样一件事情，我们对事情的认识不一样，所产生的情绪及言行也是不一样的。由美国心理学家埃利斯创建的情绪 ABC 理论可以解释这种现象：激发事件 A(activating) 只是引发情绪和行为后果 C(consequence) 的间接原因，引起行为后果 C 的直接原因则是个体对激发事件 A 的认知和评价而产生的信念 B（belief）。

一般情况下，我们认为信念呈现个体对事物的判断、观点或看法，是在一定的认知基础上确立的对某种思想或事物坚信不疑并身体力行的心理态度和精神状态，为情感、认知和意志的有机统一体。在产生某一信念后，我们就会认为某些推测是事实或者必将成为事实，在此基础上我们的情绪和言行会受此影响。

① 苏格拉底的十一个小故事 [EB/OL]. [2024-4-2]. http://news.sohu.com/a/768562727_121119045.

我们认为老师不能辱骂学生，所以老师辱骂我们，我们就会生气动怒；但因为疯子疯疯癫癫，所以被疯子辱骂，我们一般并不会生气动怒。从这个角度来说，信念是引发情绪和行为后果的直接原因，或者是引导我们前行的本因。在了解了何为“关键事件”后，我们可以进一步思考：这些关键事件，折射出我们哪些深层次的信念？

个体的信念一般都根深蒂固，很难改变，但这并不意味着我们不能改变信念。有些信念会给我们带来很大的痛苦和困扰，此时我们就要好好琢磨这些信念是否科学。比如，我们被老师或家长批评了，如果我们有“师长批评我们，就是不尊重我”这样的念头，那么就不可避免地感到痛苦和困扰了；但如果我们转念一想，老师或家长为什么批评我们？能想到“师长批评我们，可能是我哪里做得不够好”，就不会轻易感到痛苦和困扰了，因为我们已经在第一时间达到“如何改进”的思维层面了，而不是仅仅停留在不良情绪上。

也就是说，痛苦和困扰是帮助我们改变不良观念的武器。触摸内心真实的感受，方能从感受中认识自我。我们要在痛苦和困扰中，主动尝试变换认知，不断寻找积极的意义，不断修正原有的不良信念，或者建立新的信念，从而帮助我们自己跳出原有的痛苦与困扰，让事物走入正面发展轨道，让自己过得更加充实快乐。这是一个缓慢的过程，也是一个需要持续训练的过程。

（三）生涯素描

在上一篇章中，我们了解了一些在过去岁月中所经历的关键事件。在此，我们分析那些关键事件，折射出了哪些埋藏在我们心底的信念？这些信念带给我们怎样的感受？是痛苦和困扰，还是喜悦和力量？您打算据此建立新的信念吗？请选择一个关键事件作为例子，然后参考这个例子分析其他关键事件。

关键事件：______________________________

____

____

我的信念：______________________________

____

____

我的感受：______________________________

____

____

新的信念：______________________________

____

____

三、青春自画

（一）生涯事件

爱因斯坦创立了代表现代科学的相对论，为核能开发奠定了理论基础，开创了现代科学新纪元，被公认为是自伽利略、牛顿以来最伟大的科学家、物理学家，还被美国《时代周刊》评选为“世纪伟人”。

1952 年 11 月，以色列第一任总统魏斯曼去世，以色列政府邀请爱因斯坦担任第二任总统，但是爱因斯坦却拒绝了这个请求。对此，他说：“我整个一生都在同客观物质打交道，既缺乏天生的才智，也缺乏经验来处理行政事务以及公正地对待别人。所以，本人不适合承担如此高官重任。”

（二）生涯感悟

担任总统，成为国家元首，当然是充满无限诱惑的。正因如此，爱因斯坦的拒绝引起了世界性的轰动，这可是无数人梦寐以求的位置，很多人为此孜孜奋斗、苦苦向往一生。

那爱因斯坦为什么会拒绝呢？

与客观世界打交道，是爱因斯坦热爱且擅长的，这也是他一辈子投入其中且获得斐然成就的根本原因。相对于与客观世界打交道，爱因斯坦认为处理政务及与人打交道要复杂得多，并意识到自己既没有相应的才智，也缺乏相应的经验。换言之，爱因斯坦适合做科学研究，但并不适合当总统。这是他对自己的认知。

富兰克林曾说：“宝贝放错了地方便是废物。”人，也要找到适合自己的位置。

但是，要想找到适合自己的位置，我们必须先认识自己。尼采曾说：“聪明的人只要能认识自己，便什么也不会失去。”通过“关键事件”及“觉察信念”两节，我们或许已经对自己有所认识，这些是“向内”认识自己的方法，我们还可以“向外”认识自己。

一方面，我们可以客观接纳师长、朋友等人的评价，欢迎正面评价，也不回避负面评价。他人有时具有“旁观者清”的视角优势，我们不妨主动听一听别人如何评价自己，不管是正面的，还是负面的，皆可获取更丰富的认识自我的素材。对此，我们要充满自信，该保持的优点要保持，该改善的缺点要改善，切不可让面子心理过于作祟。

另一方面，我们可以以他人为镜，适当地与他人比较，但要保持个性。如面对同一个问题，别人是如何看待的，我们是如何看待的，这其中的差别说明了什么？适当做一番对比，找到我们与他人的不同，那么他人就可以成为我们反观自己的镜子，让我们在评价的过程中认识自己。

当然，如果一个人很年轻，未来可能会有不少改变，还不能下定结论自己是一个什么样的人。不过，当下是未来的基础，成长是一辈子的事情；认识当下的自我，既可以为认识未来的自己找到起点，也可以清晰地看到自己的成长方向。

我们到底是怎样的人？为自己的青春画一幅画吧！

（三）生涯素描

画青春自画像，既可以由单一走向丰富，也可以从现实走向理想。但不管是哪种方式，都必须真诚，同时要尽可能有“证据”。请完成以下两个活动；在写完后，请自己品味所写内容，推敲一下“那是不是自己”。

请用 10 分钟写出 10 句“我是一个……的人”，要求尽量选择一些能反映个人兴趣、能力、性格和价值观等内容的语句。字数不限。

（1）我是一个____________________________的人。

（2）我是一个____________________________的人。

（3）我是一个____________________________的人。

（4）我是一个____________________________的人。

（5）我是一个____________________________的人。

（6）我是一个____________________________的人。

（7）我是一个____________________________的人。

（8）我是一个________________________________的人。

（9）我是一个________________________________的人。

（10）我是一个________________________________的人。

请用10分钟写出10句“十年后，我是一个……的人”，要求具体反映个人生活、工作、人际等内容的语句。字数不限。

（1）十年后，我是一个______________________________的人。

（2）十年后，我是一个______________________________的人。

（3）十年后，我是一个______________________________的人。

（4）十年后，我是一个______________________________的人。

（5）十年后，我是一个______________________________的人。

（6）十年后，我是一个______________________________的人。

（7）十年后，我是一个______________________________的人。

（8）十年后，我是一个______________________________的人。

（9）十年后，我是一个______________________________的人。

（10）十年后，我是一个_____________________________的人。

四、注重修为

（一）生涯事件

2020年3月17日下午，首批四川赴湖北援助的医疗队员从武汉撤离，其中就包括来自三六三医院（地处成都市）的10名医疗队员。据了解，来自三六三医院的队员们从早上接到撤离任务到收拾行李再到机场，一路上时间都非常赶，但他们依旧在离开前把自己住过的酒店房间打扫得干干净净，仿佛没人住过一样。

当然，援汉医疗队还有不少感人故事。比如，在武汉汉口，医疗队离开后，保洁员在打扫卫生时，看到桌子上留下了20块钱，她拿起字条一看，顿时觉得心酸。这个字条上写着：亲爱的工作人员，很抱歉，我损坏了贵公司的一个瓷杯。虽然你们说不用赔偿，但是我还是要把瓷杯钱留下，以表歉意，谢谢你们这段时间的贴心服务！

（二）生涯感悟

“平民教育之父”晏阳初先生曾说：“世界最基本的要素是什么？是黄金还是钢铁？都不是，最基本的要素是人民！在谈及一个更好的世界时，我们的确是需要素质更好的人民。”[①]要培养更能满足生命成长需求的“新公民”，必须引导学生通过注重修为来提高精神水平，以解决“成人”问题。

那么，如何才能提升修为呢？

首先，找到重修为的榜样。修为是人通过修炼后所达到的境界。那些有修为的人，到底能达到什么样的境界呢？此时，我们需要用鲜活的事例，找到重修为的榜样。

作家梁晓声有一次在法国同两个老作家一起坐车到郊区。那天刮着风，不时有雨滴飘落。前面有一辆旅行车，车上坐着两个漂亮的法国女孩，不停地从后窗看他们的车。前车车轮碾起的尘土扑向他们的车窗，加上雨滴，车窗被弄得很脏。他们的车想超过，但路很窄。他问司机：“能超车吗？”司机说：“在这样的路上超车是不礼貌的。”正说着，前面的车停了下来，下来一位先生，这位先生对后车的司机说了些什么，然后把自己的车靠边，让他们先过。梁晓声问司机：“他刚才跟你说什么了？”司机转述了那位先生的话：“一路上，我们的车始终在前面，这不公平，车上还有我的两

① 苗勇．晏阳初[M]．北京：东方出版社，2021.

个女儿，我不能让她们感觉这是理所当然的。”梁晓声说，这句话让他羞愧了好几天。[1]

其次，确定重修为的方向。从重修为的事例中，我们不难发现重修为的人，一般具备三大特征：行中显大我——摒弃有损自己形象的行为，让自己更高贵；眼中有他人——尊重、体谅身边的人，让自己更利他；心中怀乐观——不做消极的悲观主义者，让自己更阳光。

确定重修为的方向后，我觉得大家可以做两个方面的工作：一方面，以写自传的形式，描绘理想中的“大我”的样子，明确自己已经做到的方面及仍需努力改进的方面，以指导自己后续的言行；另一方面，反思自己在人际交往方面的得失时，多从利他和阳光的角度分析，以承担起自己在人际交往中应该承担的责任。

我曾和学生小懋（化名）探讨过这个问题。

小懋最近从香港买了一台单反照相机，并将其带到教室。着急练练手的小懋，在教室里对着同学一阵狂拍。有些同学不在意这些，认为小懋是在拍着玩，就任他拍；但有些同学认为小懋不打招呼式的随便抓拍让人有侵犯隐私的感觉，就不许他拍。而执拗的小懋还是拍个不停。班干部怕小懋与同学闹矛盾，就把情况反映到我这里。我找到小懋，先让他用“利他”“阳光”这些角度去评价自己的行为。小懋想了想之后说：“不经允许就抓拍别人，显得不够尊重别人，有损自己的形象，让同学心生厌烦，对其他人也没什么好处。我是太随意了！”听了小懋的话，我说道：“其实，你在教室里也拍不出什么名堂，如果想拍照，可以询问一些有需要的同学，或约几位要好的同学，在大课间的时候到校园内去找一些比较美的风景做背

---

① 美文欣赏．什么是人文[EB/OL].[2019-7-8].https://www.sohu.com/a/329814042_703484.

景，然后再去拍。即便是练习拍照，也要高质量地练习嘛！”

梁晓声希望现代公民能具有“根植于内心的修养；无须提醒的自觉；以约束为前提的自由；为别人着想的善良”等素养。我想这四点同样也可以作为重修为的实践方向。

最后，指出重修为的途径。修为是指个体通过修炼之后所达到的境界，属于个体的“软实力”。那么通过哪些修炼才可以提升修为呢？我们可以通过“悦读时光”“一周三省”“精彩世界”等活动来不断提升修为。

读书学习不仅能改变人的风度、气质，而且能涵养人的精神修为。周末、清晨、午后、睡前等都可以成为“悦读时光”，我们不妨找一本书，和书“谈谈朋友”。下面的内容，是某校某班开设的读书活动。供大家参考。

1. 精读李开复的著作《做最好的自己》（人民出版社，2005年版），用李开复的智慧人生经验来照亮我们的未来人生旅途，让我们的人生更加精彩。

2. 以“做最好的自己”为主题，写一篇不少于800字的文章，文体不限，可以写议论文，也可以写记叙文，只要适合表现自己的意思即可；内容不限，可以是曾经的“做最好的自己”的高光时刻，可以是未来的“做最好的自己”的智慧谋划。当然，我们在写这篇文章时，对以下问题的思考，可能会对成文及未来生活更有帮助。

“做最好的自己”表达的是什么思想？“最好”是什么意思？你理想中的“最好的自己”是什么样子？我的优势是什么？“做最好的自己”需要什么样的心理素质？“做最好的自己”需要我们如何规划人生？“做最好的自己”需要我们如何将“宏大的规划”付诸“细小的言行”中？“做最好的自己”的标志是什么？“做最好

的自己”对自己有何裨益……

对于这次活动，我们将按照以下程序开展。

1.“读最好的书，做最好的自己”活动将于12月10日正式启动。

2. 本次活动将由班委会、语文老师、班主任共同承办，以保证活动的高品质。

3. 第17周召开题为“做最好的自己”的主题班会课，为本活动奠基。

4. 下学期开学初将邀请表现优异的同学在班内公开分享。

5. 我们将结集出版优秀文章，并配以精美的设计及值得留存的照片，力争做成特别“高大上”而且值得永久珍藏的高中礼物，让它成为高中生涯的重要里程碑。

同学们，动起来，让我们一起“读最好的书，做最好的自己”吧！

2014年12月3日

需要说明的是，这个并不是纯粹的读书活动，其核心指向是生涯规划方面的修为提升。因此，我们所选书目要尽可能接近这个主题。

孔子的学生曾子学业进步特别快，深得孔子喜爱。别人问曾子为什么进步这么快，他说：“吾日三省吾身，为人谋而不忠乎？与朋友交而不信乎？传不习乎？”据此，我们也可以开展“一日三省”的活动，及时回顾、反思一天的得失及记录成长感悟。

我们的修为最终都会外化为行为，这就需要我们通过实际的生活来强化修为。我曾在班级开展的“精彩世界”活动，主要是为了及时记录、宣传、示范那些能体现良好修为的行为。我班所有同学和师生都可以在每日傍晚的总结活动上登台介绍自己的相关见闻及感受，并将相关内容及时记录在班级日志上。下面就是一个例子，我们不妨多记录一下这样的“小事”。

某日晚自习前，我刚到教室门前，发现小静在路过讲台的时候随手捡起掉落在黑板下方的粉笔头，并将其放到粉笔盒里。在全班学生到齐后，我走上讲台，充满深情地说道：“刚才，站在教室门口的我，看到了一个非常温馨的场景，小静在路过讲台的时候随手捡起掉落在黑板下方的粉笔头，并将其放到粉笔盒里。事情虽小，但是这种自觉自主的行为所绽放的光芒很亮，这光芒照出了小静高贵的形象，照出了小静对班集体的在意，照出了小静对值日同学的帮助！”

（三）生涯素描

您认识特别有修为的人吗？如果有，请选择一件您认为特别有修为的事情，看一看这件事情主要体现了怎样的修为？大家都是怎样评价这个人的？由此您可以得到哪些启示呢？请按照下面的格式来梳理吧。

事情：____

____

修为：____

____

评价：____

____

启示：____

____

五、发现天赋

（一）生涯事件

美国作家马克·吐温先生曾经尝试过经商。第一次他从事打字机的投资，因受人欺骗，赔进去19万美元；第二次办出版公司，因为是外行，不懂经营，又赔了10万美元。两次共赔将近30万美元，不仅把自己多年心血换来的稿费赔个精光，而且还欠了一屁股债。

马克·吐温的妻子深知丈夫没有经商的才能，却有文学上的天赋，便帮助他鼓起勇气，振作精神，重新走创作之路。后来，马克·吐温很快摆脱了失败的痛苦，并在文学创作上取得了辉煌的成就。[①]

（二）生涯感悟

通俗地说，所谓天赋，是指与生俱来、禀受于天的资质，在成长之前就已经具备的成长特性。具有天赋的人，对某些事物或领域具备天生擅长的能力，一旦接触学习，不仅可以变得擅长，而且容易做出成绩。

由马克·吐温的人生经历来看，人生的诀窍就是发现自己的天赋并好好经营自己的天赋，这样可以顺利地让自己的人生增值；相反，经营自己的短处，既不会顺利，也不会有大成就，特别容易使自己的人生贬值。

世界上没有两片完全相同的树叶，同样也没有两个完全相同的人，这种不同包括性格、气质、能力、追求等方面。此外，根据多元智能理论，同样一个个体在智能范畴的水平也是有差异的。这些事实说明，每个个体都有自己的强项，也有自己的短板。教育不仅要适当弥补学生的短板，更要加大力度发扬学生的天赋，正所谓“适性扬才”。

① 郑以然．幽默的力量——马克·吐温传[M]．长春：长春出版社，2017.

如何才能发现自己的天赋？

我们可以尝试以下两种方法。

第一，如果大家已经依据客观事实感受到自己的天赋，那么就以大家的切身感受为准，不建议再做其他方面的测试，以免给自己带来困扰或误导。

第二，如果大家不能明确自己的强项或者根本就没有意识到自己的强项，那么就建议大家做一做“霍兰德职业兴趣测试”，然后结合自身的兴趣、性格及期望等方面因素，给自己做一番科学分析。

表 5-1 至表 5-3 是经整合、改进的霍兰德职业兴趣测试表及使用方法。请拿出笔和纸，按照表格要求来做兴趣测试。

表 5-1　霍兰德职业兴趣测试

请根据对每一题目的第一印象作答，不必仔细推敲，答案没有好坏、对错之分。具体填写方法是，根据自己的情况，如果选择“是”，请打“√”，否则请打“×”			
序号	**内容**	**是**	**否**
1	我喜欢把一件事情做完后再做另一件事情		
2	在工作中我喜欢独自筹划，不愿受别人干涉		
3	在集体讨论中，我往往保持沉默		
4	我喜欢做戏剧、音乐、歌舞、新闻采访等方面的事情		
5	每次写信我都一挥而就，不再重复		
6	我经常不停地思考某一问题，直到想出正确的答案		
7	对别人借我的和我借别人的东西，我都能记得很清楚		
8	我喜欢抽象思维的事情，不喜欢动手的事情		
9	我喜欢成为人们关注的焦点		
10	我喜欢不时地夸耀一下自己取得的好成绩		
11	我曾经渴望有机会参加探险		
12	当我一个人独处时，会感到很愉快		
13	我喜欢在做事情前，对此事情做出细致的安排		
14	我讨厌修理自行车、电器一类的事情		
15	我喜欢参加各种各样的聚会		
16	我愿意从事工资少但比较稳定的职业		
17	音乐能使我陶醉		
18	我办事很少思前想后		

续表

请根据对每一题目的第一印象作答，不必仔细推敲，答案没有好坏、对错之分。具体填写方法是，根据自己的情况，如果选择“是”，请打“√”，否则请打“×”			
序号	内容	是	否
19	我喜欢经常请教老师、父母或他人		
20	我喜欢需要运用智力的游戏		
21	我很难做那种需要持续集中注意力的事情		
22	我喜欢亲自动手制作一些东西，从中得到乐趣		
23	我的动手能力很差		
24	和不熟悉的人交谈对我来说毫无困难		
25	和别人谈判时，我总是很容易放弃自己的观点		
26	我很容易结识同性朋友		
27	对于社会问题，我通常保持中庸的态度		
28	当开始做一件事情后，即使碰到再多困难，我也要执着地做下去		
29	我是一个沉静而不易动感情的人		
30	当我做事情时，我喜欢避免干扰		
31	我的理想是当一名科学家		
32	与言情小说相比，我更喜欢推理小说		
33	有些人太霸道，有时明明知道别人是对的，也要和他们对着干		
34	我爱幻想		
35	我总是主动地向别人提出自己的建议		
36	我喜欢使用榔头一类的工具		
37	我乐于解除别人的痛苦		
38	我更喜欢自己下了赌注的比赛或游戏		
39	我喜欢按部就班地完成要做的事情		
40	我希望能经常换不同的事情来做		
41	我总留有充裕的时间去赴约会		
42	我喜欢阅读自然科学方面的书籍和杂志		
43	如果掌握一门手艺并能以此为生，我会感到非常满意		
44	我曾渴望当一名汽车司机		
45	听别人谈“家中被盗”一类的事，很难引起我的同情		
46	如果待遇相同，我宁愿当商品推销员，而不愿当图书管理员		
47	我讨厌跟各类机械打交道		
48	我小时候经常把玩具拆开，把里面看个究竟		
49	当接受新任务后，我喜欢以自己的独特方法去完成它		
50	我有文艺方面的天赋		
51	我喜欢把一切安排得整整齐齐、井井有条		

续表

请根据对每一题目的第一印象作答，不必仔细推敲，答案没有好坏、对错之分。具体填写方法是，根据自己的情况，如果选择“是”，请打“√”，否则请打“×”			
序号	内容	是	否
52	我喜欢做一名教师		
53	和一群人在一起的时候，我总想不出恰当的话来说		
54	看情感影片时，我常禁不住眼圈红润，甚至流泪		
55	我讨厌学数学		
56	在实验室里独自做实验会令我很寂寞		
57	对于急躁、爱发脾气的人，我仍能以礼相待		
58	遇到难解答的问题时，我常常放弃		
59	大家公认我是一名勤劳踏实、愿为大家服务的人		
60	我愿意担任班干部或承担其他职务		

表 5-2　霍兰德人格类型分析

结合霍兰德职业兴趣测试表答题情况，给符合以下序号的答案“是”和“否”的记1分，不符合的记0分，并找出得分最高的类型			
类型	“是”的序号	“否”的序号	得分
常规型（C）	7，19，29，39，41，51，57	5，18，40	
实际型（R）	2，13，22，36，43	14，23，44，47，48	
研究型（I）	6，8，20，30，31，42	21，55，56，58	
企业型（E）	11，24，28，35，38，46，60	3，16，25	
社会型（S）	26，37，52，59	1，12，15，27，45，53	
艺术型（A）	4，9，10，17，33，34，49，50，54	32	

表 5-3　霍兰德人格类型与职业匹配

根据霍兰德人格类型分析表中各类型的得分情况，重点参考得分排在前三位的类型		
类型	人格倾向	典型职业
常规型（C）	尊重权威和规章制度，喜欢按计划办事，细心、有条理，习惯接受他人的指挥和领导，自己不谋求领导职务；喜欢关注实际和细节情况，通常较为谨慎和保守，缺乏创造性，不喜欢冒险和竞争，富有自我牺牲精神	适合需注意细节、精确度的工作。做事要有条理，能根据要求进行记录、材料归档、组织文字信息等，如秘书、文员、会计、助理、打字员、图书馆管理员、计算机操作员等

续表

根据霍兰德人格类型分析表中各类型的得分情况，重点参考得分排在前三位的类型		
类型	**人格倾向**	**典型职业**
实际型(R)	愿意使用工具从事操作性工作，动手能力强，做事手脚灵活，动作协调；偏好于具体任务，不善言辞，做事保守，较为谦虚；缺乏社交能力，通常喜欢独立做事	适合使用工具、机器，需要基本操作技能的工作，对要求具备机械方面才能、体力或从事与物件、机器、工具、运动器材、植物、动物相关的职业有兴趣，并具备相应能力，如技术性职业（计算机硬件人员、摄影师、制图员、机械师）、技能性职业（木匠、厨师、技工、司机、农民、机械工）等
研究型(I)	思想家而非实干家，抽象思维能力强，求知欲强，肯动脑，善思考，不愿动手；喜欢独立的和富有创造性的工作；知识渊博，有学识才能，不善于领导他人；考虑问题理性，做事喜欢精确，喜欢逻辑分析和推理，不断探讨未知的领域	适合智力的、抽象的、分析的、独立的定向任务，要求具备智力或分析才能，并将其用于观察、估测、衡量，形成理论，最终解决问题的工作，并具备相应的能力，如科学家、研究人员、教师、工程师、电脑编程人员、医生、系统分析员及各种学者等
企业型(E)	追求权力、权威和物质财富，具有领导才能；喜欢竞争，敢冒风险，有野心、抱负；为人务实，习惯以利益得失、权利、地位、金钱等来衡量做事的价值，做事有较强的目的性	适合要求具备经营、管理、劝服、监督和领导才能，以实现机构、政治、社会及经济目标的工作，并具备相应的能力，如项目经理、销售人员、管理人员、公务员、企业领导、法官、律师、政治家等
社会型(S)	喜欢与人交往，不断结交新的朋友，善言谈，愿意教导别人；关心社会问题，渴望发挥自己的社会作用；寻求广泛的人际关系，比较看重社会义务和社会道德	适合要求与人打交道的工作，能够不断结交新的朋友，从事提供信息、启迪、帮助、培训、开发或治疗等事务，并具备相应的能力，如教育工作者（教师、学校领导、各类培训师等）、社会工作者（记者、导游、公关人员、心理咨询师等）
艺术型(A)	有创造力，乐于创造新颖、与众不同的成果，渴望表现自己的个性，实现自身的价值；做事理想化，追求完美，不重实际，不善于事务性工作；具有一定的艺术才能和个性；善于表达、怀旧，心态较为复杂	适合要求具备艺术修养、创造力、表达能力和直觉，并将其用于语言、行为、声音、颜色和形式的审美、思索和感受的工作，并具备相应的能力，如艺术方面（演员、导演、设计师、雕刻家、建筑师、摄影家、漫画家、制作人等）、音乐方面（演奏家、歌唱家、音乐教师等）、文学方面（作家、编剧、作曲家等）

现代人力资源管理的基本原则是“将合适的人放在合适的岗位

上”，即“用其所长”。做霍兰德职业兴趣测试，可以帮助我们初步了解自己的天赋，以便对天赋与职业匹配这个问题有所思考，逐步找到自己擅长的领域。

当然，我们在做上述测试时，必须注意以下方面：人与职位的匹配主要包括“人的知识、能力、技能与岗位要求相匹配”及“人的性格、兴趣与岗位相适应”，其中后者更为重要。另外，个体本身常是多种兴趣类型的综合体，所以在评价个体的职业类型时最好以其在六大类型中分居前三位的类型组合而定，组合时根据分数的高低依次排列字母，构成其兴趣组型；影响职业选择的因素是多方面的，不能完全依据兴趣类型，还要参照社会的职业需求及获得职业的现实可能性，职业选择时会不断妥协，寻求与之相近的职业环境。

（三）生涯素描

从小到大，您觉得自己的天赋是什么？对此，您有“判断证据”或“事实依据”吗？当您做这些事情的时候，您的感受是什么？您以后愿意在哪些方面来发展自己的天赋？如果您目前还没有发现自己的天赋，那么可以根据霍兰德职业兴趣测试结果，测试自己的天赋是什么，然后按照上面的问题来思考，以明晰测试结果。

天赋：______________________________

__________________________________。

依据：______________________________

__________________________________。

感受：______________________________

__________________________________。

发展：______________________________

__________________________________。

六、培养兴趣

（一）生涯事件

“人民教育家”于漪老师长期从事中学语文教学工作，形成独特的教学风格，于2018年被党中央、国务院授予“改革先锋”称号，并获评“基础教育改革优秀教师代表”，在基础教育界是独树一帜的代表。

然而，令人惊奇的是，于漪老师并非毕业于汉语言文学等相关专业，而是毕业于复旦大学教育系。于漪老师不仅跨界，而且非常成功。那么，于漪老师是如何做到的呢？

于漪老师说，教育不是一个结果，而是面向未来的生命展开过程；一个人一旦选择了教师这个职业，就同时选择了高尚。为了打牢基本功，于漪老师从汉语拼音开始，一点一点地钻研、一点一点地学习，把中文系的主要课程吃透，独立钻研上百篇教材文章。为了备好一堂课，于漪老师常常花上十几个小时。“一丝而累，以至于寸；累寸不已，遂成丈匹。”于漪老师一直用《后汉书·列女传》中的这句话鞭策自己。

于漪老师已是90岁的耄耋老人，有着60年的教学生涯。但她依然活跃在语文教学改革的第一线，坚守“在讲台上用生命唱歌”。她深爱着学生，痴迷着语文教学。“我做了一辈子教师，但一辈子还在学做教师！”她用这样的话语不断地鞭策着自己，也勉励着更多的青年教师。于漪老师，师者的楷模。

（二）生涯感悟

如前所述，兴趣是指一个人力求认识某种事物或从事某种活动的心理倾向，能成为我们的动力源泉、快乐源泉和成就源泉。我觉得，兴趣对于个人成长的作用，不管怎样突出其重要性，都不为过。因此，本书书名为《此生为志趣而来》。既然兴趣这么重要，那么我们就来尝试深入探讨两个关于兴趣的问题。

第一，兴趣一定要发展为职业吗？

事实上，从时空的角度来说，我们可以把兴趣分为生活兴趣和职业兴趣。所谓生活兴趣，当然是8小时之外的投入所在；所谓职业兴趣，就是未来8小时之内要重点投入的兴趣。这样看来，我们的兴趣是生活兴趣，还是职业兴趣呢？

前文所阐述的兴趣多指职业兴趣。其实，生活兴趣也非常重要。对于生活兴趣和职业兴趣，你觉得最完美的结果是怎样的？是职业兴趣与生活兴趣有机融合，还是职业兴趣与生活兴趣相对独立？也就是说，到底是要一个兴趣，还是两个兴趣？

若职业兴趣与生活兴趣有机融合，那么我们24小时可能都在思考一个问题，这样比较容易集中精力做好一件事情。比如，作为健身教练，指导别人健身是我们的职业兴趣；自己健身，则是自己的生活兴趣。

若职业兴趣与生活兴趣相对独立，那么工作和生活就会更加丰富。比如，我们的职业兴趣是编辑，但生活兴趣是烹饪，两件不同的事情，让工作和生活有了明显的分离，不至于把工作和生活混在一起。

事实上，到底是职业兴趣和生活兴趣有机融合好，还是职业兴趣和生活兴趣相对独立好，不能一概而论，每个人可能都有自己的选择。事实上，更重要的问题是对于职业兴趣与生活兴趣，我们至少要有一个，这才是最重要的！

第二，对于兴趣，要如何培养呢？

首先，我们可以从现有兴趣点发掘、形成。比如，不少青少年喜欢打网络游戏，那么我们是否可以进一步发展出网络游戏开发、网络技术研究等兴趣；又比如，不少青少年喜欢听歌、唱歌，那么我们是否可以进一步发展出歌词创作、乐器制作等兴趣？

其次，我们可以从生活的需求寻找、选择。比如，作为一位新时代的农民，面对祖祖辈辈耕耘的土地，我们是否可以寻找培养种植某种作物的兴趣；又比如，作为一名新时代的教师，我们需要有自信、激情、喜悦的演讲技能，我们是否可以选择在演讲的兴趣上有更进一步的发展呢？寻找、选择之后，我们就去尝试，说不定会爱上这些新的兴趣呢。

再次，我们可以从工作的点滴发现、培育。比如，我们从事救死扶伤的医生工作，是否可以从现有工作中发现某一个细化领域的兴趣，然后慢慢培养，看看能否由小兴趣变成大兴趣，从而让工作成为兴趣？就像于漪老师一样，自身并不是学汉语言文学专业的，但接触了中学语文教学工作后，便如痴如醉，把中学语文教学变成一生从未离开的兴趣。

最后，我们可以从广袤的天地体验来确立兴趣。现代社会非常开放，我们可以选择非常多的工作来体验，甚至是和所学专业完全不一样的职业或活动。或者，我们可以通过很多途径来了解不同的职业及其体验，再根据这些体验来确立自己的兴趣。

（三）生涯素描

您了解哪些关于“兴趣”的人物故事？这些人物，可以是众所周知的“大人物”，也可以是常常出现在身边的“小人物”。说一说他们的兴趣及他们对兴趣的热爱故事，同时想一想他们是如何培养那些让人着迷的兴趣的？

人物：____。

兴趣：____。

故事：____

____。

方法：____

____。

七、寻找志趣

（一）生涯事件

1904年9月，鲁迅去日本的仙台学医。为什么要学医？鲁迅说：“做医生不是为了赚钱，而是为劳苦同胞治病出力，清政府以民脂民膏给我们出国留学，我们应报答劳工大众。”[①]后来，鲁迅弃医从文，这又是为什么？

鲁迅在《藤野先生》一文中提及了一件事：当时他在学校看了一部关于日俄战争的纪录片，影片中的某些国人为俄国人做侦探，而被日本人逮捕，马上就要被处决，而许多麻木不仁的国人看客却像“鸭子”一样伸着脑袋来看热闹。这件事大大地刺激了鲁迅，他认为“救国救民需先救思想”，于是他弃医从文，希望用文学改造中国人的“国民劣根性”。

鲁迅一生在文学创作、文学批评、思想研究等领域作出了重大贡献，对于五四运动以后的中国社会思想文化发展具有重大影响，蜚声世界文坛，尤其在韩国、日本思想文化领域有着极其重要的地

① 陈漱渝．民族魂：鲁迅传[M]．北京：民主与建设出版社，2023.

位和影响，被誉为“20 世纪东亚文化地图上占最大领土的作家”。毛泽东曾说：“鲁迅的方向，就是中华民族新文化的方向。”

（二）生涯感悟

前一篇章我们重点讨论了“兴趣”。有兴趣的人是幸福的；如果能把兴趣变为志趣，那发展前景就更广阔了。何谓志趣？简而言之，志趣是志向与兴趣的结合。我的理解是，志趣是基于兴趣而产生的志向；兴趣解决的是喜欢做的问题，而志趣解释了为什么坚持做且要做好的问题。

有了志趣，我们就能获得丰富、深刻且强烈的发展体验，才能感受到生命更高级的幸福，才能尽力、尽心、尽情地工作，才能充分发挥自己潜在的能力，才能竭尽所能，才能成为“行业的领跑者”，从而让“成才”有了更坚实的根基。

那么，如何才能将兴趣转化为志趣呢？

如前所述，鲁迅本来想通过医学救国救民，后来致力于通过文学救国救民。不难看出，鲁迅的转变主要是因为他对民族发展需求的判断，比如，中国普通群众的麻木不仁，让鲁迅意识到“救国救民需先救思想”，于是弃医从文。

基于此点考虑，我希望大家能将自己的兴趣与社会发展需要结合起来，即个人兴趣与社会发展需要适度统一，此时大家的兴趣也就升华为志趣了。比如，我喜欢化学，那么可以将兴趣点扩展至环境保护、制药工程、食品检测等当今社会有特殊需求的化学领域，致力于实现保护环境、研发放心药、确保食品安全等重要社会发展目标。一旦个体的兴趣与社会发展需求适度统一，那么就走上了一条光明的发展大道。

此外，如果人们的兴趣不能与社会发展需要结合起来，那么人们不仅不能通过兴趣养活自己，而且还不能获得持续、丰富、深刻的成就感，最终也谈不上个人的发展。因此，我们所说的兴趣，既要想到“世外桃源”，也要进入“人间烟火”。

因此，理想的状态是我们的兴趣能与社会发展适度融合，这既是持续发展个人兴趣的需要，也是承担社会责任的需要。如果我们的兴趣不能与社会发展需要结合，那要怎么办呢？我觉得，发展个人兴趣的底线是不违法、不背德、不伤己。不违法，指所发展的兴趣要符合法律要求，要做遵纪守法的好公民；不背德，指我们的兴趣符合时代的良善和伦理要求，要做一个有道德底线的人；不伤己，指不能为了兴趣而伤害自己的生命，要做身心健康的追梦人。

如果我们的兴趣发展能满足以上“三不”要求，那么就可以好好地保持下去，没必要非与社会发展需要结合起来，或者一定要找到兴趣发展的社会意义。比如，我们的兴趣是烹饪，平常就是喜欢做饭烧菜，如果非要与社会发展结合起来，或者找到兴趣发展的社会意义，那就是给家人和他人树立爱生活的榜样。

不过，兴趣发展与社会发展的结合及寻找兴趣发展的社会意义，确实值得探索，因为我们所做的事情本来就意义非凡。比如，喜欢乡村生活的李子柒，以美食文化为主线，围绕衣、食、住、行四个方面拍摄乡村生活视频，传达出积极向上、热爱生活的态度及独立自强的奋斗精神，引起了外国人对中国乡村生活的向往。像李子柒这样发展兴趣，其社会意义不容小觑。

（三）生涯素描

通过“发现天赋”和“培养兴趣”两步，我们可能已经找到了自己基于长处而建立的兴趣。那么，现在我们尝试把兴趣升华为志趣。请按照表 5-4 的提示，升华自己的兴趣吧。明确的兴趣优先填写。

表 5-4　“兴趣”提升为“志趣”过程

项目	兴趣	社会需要	志趣
示例	化学	进口药品比国产药品更受欢迎，中国急需提高制药水平	从事“制药工程”相关专业
兴趣 1			
兴趣 2			
兴趣 3			

八、争做匠人

（一）生涯事件

日本的冈野工业株式会社主要生产注射器针头，规模不大，只有 5 个员工，却是一个拥有独家“金刚钻”的著名企业。社长冈野雅行的口头禅就是：“做别人不能做的事情；不做最多，只做最好。”

一个普通的注射器针头，在全世界的每个角落都能见到。但想要买到世界上最细的注射器针头，却只能到冈野雅行这里来。他设计制作的针头细到堪比蚊子嘴，用这样的针头给人注射，被注射的人几乎没有任何痛感。

为了制作出这样的针头，冈野雅行钻研和创新了很多次，每一次都以失败告终。但他始终坚信自己能成功，每一次失败后他都会仔细反省，找出问题所在，并在下一次试验中解决这个问题。这样经过反复的研究，他终于成功制造出了世界上最细的注射器针头。

（二）生涯感悟

时下，很多人热衷于做惊天地泣鬼神的大事，而不屑做平凡的小事；很多人幻想着在最短的时间内取得最大的成就，而不乐意“慢工出细活”。显然，这种浮躁、功利且好高骛远的态度是发掘自身潜能的大忌。

此刻，我们需要“匠人精神”。

所谓“匠人精神”，其核心是“树立一种对工作执着、对所做事情精益求精、精雕细琢、创新进取的精神”。“匠人精神”的核心就是执着于某一件事情，并努力将其做到极致，大到制造飞机、汽车，小到制造一顶帽子、一个针头，每一个零部件、每一个环节都要凝心聚力、精益求精、尽善尽美，在质量上的要求近乎苛刻，不允许存在任何瑕疵。

事实上，不管是高难度的工作，还是平常的工作，要想做好，都需要这种匠人精神。获得奥斯卡奖的日本影片《入殓师》中的葬仪师曾说：“当你做某件事的时候，你就要跟它建立起一种难割难舍的情结，不要拒绝它，要把它看成是一个有生命、有灵气的生命体，要用心跟它进行交流。”将工作当作生命体，这是对匠人精神的最好诠释。

那么，如何培养自己的“匠人精神”呢？

最重要的是要真心地热爱自己从事的行业。如此，我们才能密切关注到工作中的每一件极其细微的事情，专注、沉着地对待工作中的每一件小事。如此，我们才能拥有成为一流匠人的基础。与之对应的是，当带着“匠人精神”全身心去投入工作时，我们就能找到工作的意义和劳作的乐趣。“此生为志趣而来”，这绝不是一句空话，而是精彩人生系统的基础。

此外，我们要在小事上践行“匠人精神”。比如，我们叠的每一件衣服，写的每一个字，做的每一次作业，都要力争做到最好。也就是说，要培养这种“大道”，更要从“小事”抓起。

在拥有“匠人精神”后，我们还需要通过超越自我来看到更加崭新的自己。

在诺贝尔奖历史上，能两次获得诺贝尔奖的人虽然不能说绝无仅有，但也是凤毛麟角。迄今为止，一共有四位科学家享此殊荣，他们分别是波兰裔法国女物理学家居里夫人、美国物理学家约翰·巴丁、美国化学家莱纳斯·鲍林和英国生物化学家弗雷德里克·桑格。实际上，一个人一生能获得一次诺贝尔奖就可谓功成名就，不虚度此生了。正因如此，若一个人能获得两次或更多次诺贝尔奖，那就能说明这个人完全没有被第一次的诺贝尔奖所阻碍，而在真正意义上做到了超越自我，绝大多数年富力强、颇具智慧的人在获得第一项较高的荣誉后，在研究和创造方面停滞不前甚至是退化。

研究和创造不是体力活，而是智力活动，不存在边界和极限。基于此考虑，我特别希望自己在学习及工作中都能具有一种“超越自我”的精神品质，不要被所取得的成绩牵绊，而是在此基础上力争做出更多研究和创造，以让生命之花绽放得更加绚丽多彩。

那么，如何才能做到超越自我呢？

一方面，我特别喜欢一句话：同样是吃小米饭长大的，做人的差距咋就这么大呢？从物质组成角度来看，任何两个人在组成元素上几乎没有任何区别，但是这两个人在观念、气质、性格、能力及长相等方面却有可能存在巨大差异，这无疑说明了生命体的奇妙及无限可能性。正因如此，我们每个人首先要认识到生命的奇妙及无限可能性，同时也有责任让自己的生命更加精彩，而不能让生命还没绽放就凋零了。

另一方面，我们可以看一些让自己的生命无限绽放的人物故事，比如上述四位两次获得诺贝尔奖的故事，比如像周星驰等这些真正的巨星依然在一丝不苟地精雕细琢自己的作品。之所以阅读这些人物故事，不仅要让我们认识到生命体的奇妙及无限可能性，还要让他们真切地看到这种生命的奇妙及无限可能性已经在我们身边变成了现实。

培养匠人精神，是我们进行生涯规划的重要内容。如果我们找到自己的兴趣，但是却没有将其做到极致，那么就不能高质量地发展我们的兴趣。如此一来，兴趣岂不是被浪费了？那些因高质量发展兴趣而产生的累累硕果岂不是要离我们远去？我们又用什么来说明自己已经进入自我实现的境界了呢？有了兴趣，要发展好兴趣，就必须有匠人精神做支撑。

（三）生涯素描

不管是在学习中，还是在生活中，我们有哪些令自己都佩服的成果？这些成果体现了怎样的“匠人精神”？我们是通过什么样的方式做到的？这对于我们以后的学习和生活有什么启示呢？我们一起来理一理吧。

成果梗概：______________________________

____

____

呈现精神：______________________________

____

____

达成方式：______________________________________

____

____

未来启示：______________________________________

____

____

九、适性扬才

（一）生涯事件

2005 年 11 月，就读师范大学大四的我，开始到处投递简历，不幸的是，屡屡失败的我，直到 2006 年 3 月才找到工作——我家乡县城的第八中学。客观地说，我的入职过程是非常艰难的，主要是因为我的性格过于内向，而且极不善于表达。

也就是说，我并不具备当教师的优势，或者说教师职业并不适合我。

但是，经过多年的努力，我在教育教学工作方面取得了不错的成绩，蜕变为小有名气的骨干教师，成为很多单位争相聘用的"香饽饽"。最让人不可思议的是，不善言谈的我，竟然在全国范围内出版了第一本关于班主任如何说话的教育专著——《班主任如何说话》。

（二）生涯感悟

刚刚简单分享了我的职业经历，不知道大家是否产生了一种错觉：本文题目叫“适性扬才”，但我的职业经历恰恰与此相反——看起来我的性格并不适合做教师。事实上，这就是我想让大家产生的感觉，同时请大家想一想为什么会出现这种相反的案例。

在此，我想简单介绍我当初选报师范专业的原因。我是一位比较幸运的学生，在小学、初中、高中及大学阶段，都遇到了让我非常敬佩且对我产生深远影响的老师。概括地说，我是教育的受惠者，也慢慢地喜欢上了教育工作。

在大学毕业找工作的时候，一个非常大的冲突出现在我面前：我喜欢的工作并不是适合我的工作。我到底是坚持做教师，还是另辟其他发展之路？思来想去，我还是想坚持做教师，因为我对教育工作充满了好奇，最终喜欢战胜了艰难。

在入职初期，我的处境非常艰难，曾面临所教班级的化学平均分比其他平行班级平均分低 14 分（满分 100 分）的尴尬经历。但是，我想尽了各种办法钻研教育教学工作，学生成绩才得以慢慢提高，由下游到中游，由中游到上游，由上游到前茅。

如前文所述，并不擅长表达的我为何能在全国范围内出版第一本关于班主任如何说话的教育专著——《班主任如何说话》？情况是这样的，在当班主任的第一天，我走进教室面向全体学生演讲时，不仅脸红、脖子粗、腿发抖，还讲得磕磕绊绊，简直不知所云。怎么办？对于化学教学，我要写教案；对于班主任的讲话，我是否也可以写教案呢？

于是，我按照写化学教案的形式，提前把每一次讲话稿都精心准备好，并对着镜子反复演练内容和笑容，直到自己满意为止。就这样，在担任班主任的第一年，我就撰写了近一百份讲话稿教案。我把讲话稿教案发到网上，受到很多班主任的点赞，一些同行还建议我投稿。当时我觉得同行的建议不太靠谱。但万万没有想到的是，我上午投稿，中午就接到出版社同意出版的电话。

人生就是这么奇妙。

我的职业经历，可能会让大家思考一个问题：到底是做自己喜欢做的工作，还是做自己适合做的工作？我觉得这两者并没有不可调和的矛盾，如果“喜欢”和“适合”能统一，当然是最好的；如果“喜欢”和“适合”不能统一，那么我们也可以尝试做一做喜欢但看起来并不适合的工作。

这是为什么呢？

在本书中，我反复强调一个观点：人生充满无限可能性。也就是说，每一个人的人生都不是固定不变的，而是一直处于发展变化中。起点的不适合，并不代表全程的不适合，更不代表终点的不适合，因为我们可以通过科学的培训提升自己适应职业的综合素质。

此外，有些“不适合”可能是假象。比如，就做教师而言，那些性格外向、侃侃而谈的人可以成为优秀教师，能让学生喜欢；那些性格内向、寡言少语的人也可以成为优秀教师，也能让学生喜欢；那些性格居中、言谈居中的人同样能成为优秀教师，同样能让学生喜欢。到底哪一种性格的人才更适合做教师？没有定论。

当然，需要说明及强调的是，“适性扬才”是更佳的选择，但并不是唯一的选择；大家不可因为我的职业经历而否定“适性扬才”的意义。同时，当选择不适合自己的工作时，我们需要更多努力及科学培训，同时也面临更多失败的风险。因此，什么时候从事自己看似不适合的工作？答案是“喜欢”出现时。

人这一辈子，不就是为了活得有趣吗！

（三）生涯素描

如果"喜欢"和"适合"不能统一，那么您如何看待这个问题？如果这个问题就是您将来可能面临的问题，您打算怎么办？如果可能面临失败，您能接受吗？请说说您的理由。请按照以下流程来梳理自己的思路吧。

如何看待：____

____

____

所用办法：____

____

____

能否接受：__________；理由是：____________________

____

____

十、职业畅想

（一）生涯事件

据著名调研机构麦可思研究院的调查数据，2015—2017 届中国大学毕业生半年内的离职率分别是 34%、34%、33%，其中 90% 以上是主动离职。此外，本科和高职高专院校 2017 届毕业生毕业半年内的离职率分别为 23%、42%，与 2016 届（24%、43%）基本持平。在本科院校中，"双一流"院校 2017 届毕业生毕业半年内的离职率为 13%，非"双一流"本科院校 2017 届毕业生毕业半年内的离职率为25%。2017届本科毕业生半年内离职的人群有98%发生过主动离职，主动离职的主要原因是“个人发展空间不够”（48%）、“薪资福利偏低”（42%）。[①]

（二）生涯感悟

绝大多数大学毕业生离职的原因，主要存在于发展空间、薪资福利、人际关系、兴趣爱好等方面。但不管是哪一种原因，既然当初愿意去就业，除了匆匆将就，多数人应该对所聘工作是不讨厌的。

那为什么不到半年，就离职了呢？

概括地讲，主要是因为现实与理想差别太大，他们在就业之前，对职场的实际情况缺乏全面、客观的了解，一般会对职场及自我产生过高预期，如高薪水、高尊重、高发展、高舒适……在现实中，这些预期条件几乎不可能同时满足，或者达不到理想水平。现实与理想的落差很容易让大学生对现实工作产生不满，从而频繁跳槽。

从社会化视角来看，从大学到职场，事实上是个体继续社会化或再社会化的过程。频繁跳槽，可以说是个体再社会化过程遭遇障碍的一种直接表现，大学毕业生再社会化遇到的障碍越大，跳槽的可能性也就越大。

怎么办？

首先，要创造机会走进职场。比如，当我们有机会参与实践与实习时，要真实践、真实习，全身心参与，全过程体验，全方位观察，让自己获得关于目标职业的一手真实信息，从书本进入现场，从理想走入现实，尽可能做到真正了解职业。

---

① 王峰．跳槽“金九银十”：报告称超三成2017届毕业生半年内离职[EB/OL].[2018-9-21]. https://mp.weixin.qq.com/s/xr80jTXna-lQb8oNZ84UIQ.

其次，要真正提升相关职业能力。比如，做教师，就需要提升表达能力，这是毋庸置疑的。如果我们的表达能力欠缺，就要想办法提升，以让自己能承担得起相应工作，并慢慢创造属于自己的职业价值。这才是长远之计。

再次，要提前做好生涯规划工作。我为什么要写这样一本关于生涯规划的书，就是因为我认识到了生涯规划的重要性。我们要通过生涯规划，客观认识与评价自我，确定与自我能力和兴趣相匹配的职业，并为获取某种职业做好系统准备，不要匆匆就业、盲目试错、想当然跳槽，而是要看准了、选对了、适应了、喜欢了。

最后，要尽可能理解现实问题存在的原因。目前我所在的学校，是就职的第五所学校。客观地说 ，每一所学校都有它的优势，也有它的劣势，没有一所让人感觉十全十美的学校。这就是真正的现实，也是需要我们正视的现实。因此，在职场中遇到问题后，我们要想办法解决，要提升自己解决问题的能力，而不是通过“跳来跳去”来逃避问题。适应问题，并尝试解决问题，有能力选择更好的职场再跳槽，才是更理智的选择。

（三）生涯素描

您理想的职业是什么？您觉得这种职业的优势是什么？您推测这种职业可能存在的职场问题是什么？您打算通过提升哪些职业能力来解决这些问题？哪些底线因素可能促使您跳槽？请按照下面的方式来思考吧。

理想职业：______________________________

职业优势：______________________________

____

____

____

职场问题：________________________________

____

____

职业能力：________________________________

____

____

跳槽底线：________________________________

____

____

十一、积极担当

（一）生涯事件

2019 年年末 2020 年年初，新冠疫情突袭而至。

1996 年出生于汶川的女孩佘沙，两次请战参加援鄂医疗队，最终如愿驰援武汉，成为四川第三批援鄂医疗队中年龄最小的队员。“我觉得我应该去，因为我和其他护士不一样，我是汶川人呀！”2008 年汶川地震，佘沙读小学五年级，在废墟中看见了驰援的医疗队员，并立志成为像他们那样的人。

（二）生涯感悟

在 2019 年年末 2020 年年初的抗疫过程中，许多逆行的人令人无比感动。他们中，有只身犯险为国家制定抗疫战略而建言献策的钟南山院士，有率先捅破疫情真相而让大家提前防范的李文亮医生，也有因曾受医疗队员救助而主动请战去湖北支援的普通护士佘沙……这些逆行人的行动，生动地诠释了什么叫“担当”。

何谓担当？

担当，主要是指敢于承担责任，有魄力。英国小说家毛姆曾说，要使一个人显现他的本质，叫他承担一种责任是最有效的办法。在抗疫期间，有临阵脱逃的人，有极力掩饰的人，当然也有主动请战的人，真如毛姆所说，做人的本质立刻显现。

此外，另一个残酷的事实时不时会摆在我们面前：很多德才兼备的人，并没有取得于己、于人、于家、于国有价值的成就。这样的例子很多，在我们周围，是不是有一些有才能的人，在工作上却庸庸碌碌呢？也就是说，不少人在“成人”和“成才”后，并不见得都能“成事”——完成自我发展之事业、推动社会进步之事业、参与民族兴旺之事业、有益于人类福祉之事业等。

在解决“成人”和“成才”问题后，能“成事”的人与不能“成事”的人的区别，大概就在于有没有担当意识，在力争自我发展、社会进步、民族兴旺、人类福祉等方面那种“舍我其谁”的担当意识。其实，这也是对所从事事业的信仰，即意识到我所从事的事业是有重要意义的。比如，晏阳初先生正是因为对可“造新民”与“救国强国”的平民教育运动具有崇高的信仰，所以才投身于艰苦而又意义非凡的平民教育运动中。显然，只有具备这种担当精神的人，才是中国的“真脊梁”。

也就是说，当有了担当精神后，个体的心理就会发生两个层级的变化：第一层，面对事情，我要行动了；第二层，面对行动，我要做得好。为什么要行动呢？因为做成这些事情，很多人会受益，自己也会真切感到存在的价值。为什么要做得好？因为只有把事情做得更好，事情的意义才能体现出来。

比如，我是一名有担当精神的儿科医生，减轻孩子的病痛、减少家长的担心，就是我的职责，我必须承担起来。因此，当家长带着小朋友来看病时，如果我的态度好一点，那么家长和孩子都会感到很温暖；如果我看得准一点，那么孩子就会少遭罪，家长就会少担心。家长和孩子会觉得我是一名好医生，会觉得我所在的医院是不错的医院。

比如，我是一名没有担当精神的儿科医生，上班时我想着下班，看到病人来了我就嫌麻烦。那么，当家长带着小朋友找我看病时，我的态度就好不起来，家长、孩子就会感到很冰冷；因为随意诊断，孩子的病期延长，吃了更多的药，打了更多的针，受了更多的罪，家长的心情也会变得更沉重。因此，家长会觉得我无能，会觉得我所在的医院也是很差的医院。

遇到有担当精神的人，我们是幸福的，因为他们会尽力把事情做好，久而久之我们会愿意和他们相处或共事；遇到没有担当精神的人，我们是倒霉的，因为他们的敷衍了事会让事情非常糟糕，久而久之我们就会疏远他们。总体来看，担当不仅体现了一个人的为人本质，同时也是一个人能否成事的保障，这正是担当精神在生涯规划中的重要价值。做一个有担当精神的人，我们不仅能把事情做成、做好，还能让更多人愿意与我们合作。那时，我们的成就感、归属感、幸福感都会满满的，我们是自我担当的最重要的受益者。

那么，如何才能成为有担当的人呢？

一方面，正确认识“担当的本质是自我”的道理。

一说到担当，很多人可能都误认为担当就是“忘我”地奉献。

其实不然，担当的本质是自我，看重自我，才能完成那种“天降大任”，这是一个人的幸运；成就自我，所有伟绩最终都归于自身，谁也抢不走；绽放自我，要让宝贵的生命充满希望和奇迹。与此同时，我们也完成了本应承担的历史使命，让个人、家人、社会、民族和国家都因为我们的担当而受益。

另一方面，积极向有担当的人学习。

“有担当”并不意味着必须做轰轰烈烈的大事，平淡的生活和工作同样包含着担当。不顾个人安危的钟南山院士，敢于说出真相的李文亮医生，积极请战驰援湖北的佘沙护士，都是有担当的楷模；那些认真做作业、值日不逃值、在家刷碗的同学，同样是有担当的人。此外，在历史发展的关键时刻，总有一些有担当的人物会站出来，这些历史人物也是我们学习的榜样。这样去观察，我们就能更全面地感受身边人及历史人物的担当精神了。

最后，还是要立志成为有担当的人，利己利人！

（三）生涯素描

在我们的人生中，是否有或热烈或平凡的“敢于担当”的时刻？请想一想，在我们敢于担当后，所做事情的效果怎么样？我们的内心感受是什么？身边的人如何评价我们？未来我们可以在哪些方面更有担当？请选择最为典型的事件，按照下面的方式理一理吧。

担当何事：______________________________

做事效果：______________________________

内心感受：______________________________

____

____

他人评价：______________________________

____

____

担当项目：______________________________

____

第六章　如何填报新高考志愿？

一、选地方

（一）生涯事件

据统计，某年的高考，有 76.17% 的广东考生选择了在广东地区读大学。往年的比例与此相似，这说明广东学生具有不趋向于到外省读大学的传统。事实上，在我之前任教的高中，有不少学生宁可选择到广东比较偏僻的地方读普通大学，都不愿意去其他省市读好一点的大学。

这是为什么呢？

据调查，大多数广东学生之所以不愿意去外省读大学，主要是因为广东高校比较多、广东经济比较好、不习惯外省的生活习惯、广东气候常年比较温暖、广东就业机会比较多等因素。

（二）生涯感悟

我当年填报高考志愿时，在提前批次、重点批次及本科批次中，共填报了七所高校，其中只有一所高校是省外的，其他六所高校全部是省内的。当初我之所以这样填报志愿，主要是因为对填报志愿懵懵懂懂，只考虑：离家近一点，对学校熟悉一点。

为什么会做出这样的选择？

我觉得深层次的原因主要有三点：一是对高考志愿填报的意义缺乏深入的理解，或者说根本没有弄清楚高考志愿填报是怎么回事，就晕晕乎乎地填报了志愿；二是根本没有出过远门，对外省及外省高校不了解，怕出现差错或遇到意想不到的麻烦；三是对外界没有足够丰富的好奇心及敢于探索的勇气，比较恐惧，不敢向省外迈出一步。

那么，我为什么会这样呢？

客观地说，我在读高中时，学习非常勤奋，但除了学习，从不思考高考志愿填报的事儿。那时，我们信奉的原则是，先考出来分数再说，有了高分数，选填志愿根本就没有什么问题。现在想来，这种想法是较偏颇的，既没有思考清楚分数与志愿之间的关系，也没有认识到选填志愿的重要意义。

因为填报高考志愿是生涯规划中非常重要的一步，我们要提前想一想自己喜欢的生活、喜欢的环境，或者说比较好奇的地方，然后才能从容不迫地做出理性选择。如果我喜欢鱼米之乡的生活，肯定要选择南方；如果我喜欢有历史感的地方，那肯定要选择一些有古城的地方。这样的选择不是一瞬间就能想清楚的，需要提前规划好。

尴尬的是，我当初根本就没有思考过这些问题。

从我的经历来看，我觉得，填报高考志愿首先要选择区域，这个地方既承载了我们的向往、好奇及未来，也要与我们的气质相匹配。问题是，我们想过这些问题吗？我们知道自己喜欢什么地方吗？我们未来又想生活在什么样的地方呢？我们为什么想生活在那样的地方呢？

这些问题，都需要我们提前想一想。

（三）生涯素描

假如我们不久后就要填报志愿，下面请围绕大学所在地区进行思考，并把思考结果填写在表 6–1 内。每一种情况只写三个地区，如果能对每一个地区都做出排序，那就更好了。不过，即使不能做出排序，也不要紧，我们先慢慢地想着。

表 6-1　选择大学所在地的考量

思考角度	地方特征	具体地区		
喜欢的				
好奇的				
方便的				
熟悉的				
发达的				
综合分析	综合来看，我们在填报志愿时，可能考虑哪三个地区？			

二、选大学

（一）生涯事件

2018 年暑假，一位亲戚的儿子要填报高考志愿。他们打电话咨询关于填报高考志愿的事宜。这位男生的分数超过重点线 90 分（安徽省，理科学生），他可以填报很多不错的大学。在多番共同分析之后，我们筛选出重庆大学和西安电子科技大学这两所高校作为第一志愿的选择对象。

按照我的想法，这位男生对电子类专业比较感兴趣，而他的分数，依据往年西安电子科技大学在安徽省的录取分数线来看，是比较保险的，基本可以确保能够录取到所填报的专业。此外，西安电子科技大学在电子类专业方面，其综合实力确实也比较突出。因此，我认为西安电子科技大学适合这位男生。

我不建议他们把重庆大学放在第一志愿。为什么呢？一方面，根据往年分数线来看，他的分数偏低，被录取的概率较小；即便被录取，也无法保证能被录取到电子类专业，极有可能被录取到其他专业。在我心中，专业的位置更重要。

后来，他们决定把重庆大学放在第一志愿，而且勾选了“服从调剂”选项。为什么呢？他们认为，重庆大学是老牌 985 高校，而西安电子科技大学只是 211 高校。也就是说，能读一所自认为“更有名气”的大学，是他们填报高考志愿的核心依据。

（二）生涯感悟

填报高考志愿，要不要考虑大学的名气？

这是理所当然的。绝大多数名校，之所以有名，主要是因为教师水平比较高、底蕴比较深厚、成果比较显著、学习氛围比较好。在这样的名校学习，学生的信心会增强、水平会提高、平台更广阔。能读更有名气的高校，当然更好了。

但是，我们必须想明白两个方面的问题。

一方面，是否要填报名校，和面子没有太大关系。当下，很多高中都喜欢宣传有多少人考取清华、北大，这多半是面子因素在作祟。高中学校可以讲面子，家长却不能过于讲面子。为什么？能把孩子送进清华、北大，虽说赚足了面子，但可能不会管孩子到底有没有被录取到合适的专业。此刻，家长就必须考虑了，孩子被录取的专业到底适不适合孩子？我们不能用孩子一生的发展来换取一时的面子。

另一方面，是否填报名校，主要是考虑名校的学习条件。如果该专业的师资力量非常强，该专业水平在全国都非常突出，那么我们要选择这样的学校。但是，每一个学校都有自己的优势专业，也有自己的弱势专业；专业和专业之间并不在同一水平。这就是我们必须要考虑清楚的地方，选择某名校，是为了更好地学习某专业，而不是为了名校光环。

一句话，大学只能陪你四到五年，而专业可能要陪你一辈子。可以选择更好的大学，但绝不能为了读更好一点的大学而舍弃理想的专业。孰轻孰重，一目了然。

（三）生涯素描

请您思考：如果清华、北大等一流名校愿意录取您，但录取的专业可能是您不喜欢的，您愿意选择就读这些一流名校吗？请说一说您的想法，并记录下主要观点。

三、选专业

（一）生涯事件

据中国山东网报道，在 2018 年山东高校毕业生专业对口率调查中，毕业生所学的专业与从事岗位对口率仅为42%，不直接但相关的占比为31%，专业完全不对口的占比为27%。从数据显示来看，仅四成以上的山东高校毕业生从事专业对口相关岗位。

据中国教育新闻网报道，近期关于在校大学生对未来工作与所学专业相关度的调查中发现，严格限制本专业的占7.06%，与本专业相关即可的占56.47%，对专业无要求的占17.65%，不想从事所学专业工作的占18.82%。对未来工作的设想，56.1%的人表示不清楚，但愿意尝试，42.68%的人表示考虑得很清楚，还有1.22%的人从来没想过工作的事。①

（二）生涯感悟

随着社会的发展，许多新兴职业相继出现，为大学毕业生提供了更多优质的岗位；除特定的专业性人才外，不少用人单位在招聘人才时开始不限制专业，而是更注重人才的综合能力。这些客观因素，在一定程度上降低了所学专业与从事岗位的对口率。

对口就业固然充分利用了教育资源，减少了人力资源和知识浪费，但这不是本节重点考虑的内容。本节重点考虑的是，毕业生所从事的岗位，是毕业生喜欢或适合的岗位吗？如果答案是肯定的，那么对口与否已不重要；如果答案是否定的，对口与否已成为大问题。

为什么这么说呢？

经过大学学习后，毕业生已经知道了自己的兴趣爱好，即便没有找到与专业对口的岗位，但依然走上了喜欢或适合自己的岗位，这是值得高兴的事情。从职业的持续发展性来看，找到自己喜欢或

① 彭娅妮．我国近年大学生就业专业对口程度及影响调查报告[R]．北京：中国教育科学研究院，2014.

适合的岗位是非常重要的，因为这不仅决定了毕业生是否能够在本领域稳定发展，也决定了将来在工作中获得的幸福程度。

让人担心的情况是，经过大学学习后，毕业生还是不知道自己的兴趣爱好，完全是在从众或盲目中找到一个岗位，不知道岗位是不是自己喜欢的或适合自己的。如此这般，他们即便找到了岗位，也极有可能在不久的将来就跳槽，而且会不断地跳，因为他们根本不知道自己的发展方向在哪里。

在第二份调查中，有两个数据是非常可怕的，一是“不想从事所学专业领域的工作的比率为18.82%”，二是“对未来工作的设想，56.1%的人表示不清楚”。不想从事所学专业领域的工作，当初为什么选报这个专业？未来已来，都不知道该走向哪里，还能有好的发展吗？当然，如果在校大学生在放弃所学专业领域工作的同时，已经有了明确的工作方向，那还不算最坏的情况。最坏的情况是，既不喜欢现在所学，又不知道喜欢什么。

这些现象的存在，都说明曾经或现在没有好好地思考清楚自己的兴趣、爱好、长处、梦想到底是什么以及生涯规划问题，所以呈现出更多的否定和迷茫。我们不应过分夸大就业专业对口的重要性，但是要非常关注挖掘和发挥个人潜能，规避不对口可能带来的负面影响。

理想的情况是，分析自身的优势和长处，进行行业了解和职业规划，寻找个人能力和兴趣与不同行业工作的契合点，增强自身在行业领域的适应性和兼容性，让自己在就业上更自觉、更主动、更灵活。虽然对口就业不具有必需性，但仍然希望专业与岗位就业有一定的关联性，以实现物尽其用、人尽其才的目标。

（三）生涯素描

将来，您打算选报什么专业？您打算竞聘什么岗位？您认为专业与岗位需要对口吗？您的理由是什么？希望从此刻起，您能思考专业与岗位是否对口的问题。

____

____

____

____

____

四、选什么

（一）生涯事件

西湖大学博士后白蕊获得过第22届“世界最具潜力女科学家奖”，成为该届亚太区摘得此项荣誉的三位科学家之一。这一殊荣，每年仅颁给15人。毫无疑问，这时的白蕊已在世界级科学舞台上闪耀。

在攻读博士期间，白蕊发表高水平研究论文8篇，其中5篇发表于《科学》期刊，3篇发表于《细胞》期刊，引用600余次。白蕊是2018年清华大学研究生特等奖学金获得者，入选由中国科学技术协会评选的2018年度“未来女科学家计划”全国5人名单，并获得国家奖学金两次、“未来学者”奖学金等殊荣。

白蕊为何能取得这些别人可羡不可及的成就？

白蕊说：“我觉得无论是工作还是生活，热爱都是最重要的。一份热爱的工作会激发我的所有，比如更投入、更专注、更爱思考、更容易获得快乐等；对生活的热爱也是一样，我会更享受当下，更期待未来。”

白蕊对生物的热爱由来已久，高中时，白蕊不是门门科目都好，但生物课的成绩一直不错；身为课代表的她，发自内心地喜欢这门学科。因此，在填报高考志愿时，她丝毫没有犹豫，选择了生物专业，最终被武汉大学录取。

在研究生阶段，白蕊有幸进入清华大学原副校长施一公教授的实验室。初来乍到的白蕊，被施一公实验室高速、高效的工作模式所震撼。在这样的环境里学习，她既激动又倍感压力。但压力即是动力，不到半年，白蕊不仅完全适应了实验室的工作模式，还成为课题组的骨干成员之一，从此踏上了研究剪接体结构与机理的征途。

回忆起在清华的学习时光，她说："在清华园的 4 年里，经历了科研生活的孤独、艰辛与煎熬，更感受到了科研中的兴奋、热爱与坚持的意义。清华带给了我挑战世界级难题的自信，战胜科研中满路荆棘的勇气，担当起建设科技强国的使命。"

（二）生涯感悟

白蕊的经历，可以让我们得到哪些启示呢？

首先，如果生涯规划做得很好，那填报高考志愿就不是做选择题，而是做填空题。

根据高考志愿填报规则（2019），考生在同一批次可以填报 15 所学校，每所学校可以填报 6 个专业。这样一来，每位考生理论上有 90 个选择。实际上，填报高考志愿，不是选择题，而是填空题，喜爱什么专业，就填写什么专业，根本不用选。就像白蕊一样，"在填报高考志愿时，她丝毫没有犹豫，选择了生物专业"。

如果在填报高考志愿时，我们还需要做选择题，那就说明我们根本就没有把问题想明白：我们喜爱的专业是什么？想清楚了这个根本问题，只要看看这个专业在哪个位置，然后填写就行；而所谓“选”的过程，其实在填报高考志愿之前早就完成了。

这种“明白”，表现在90个选择上，就是90个选择都包含某一相同关键词，或者说15所学校的第一志愿都是相同的。如果90个选择差异很大，那么读大学可能都不是那么有必要了，因为我们都不知道要读什么。

其次，填报高考志愿，专业类别为核心依据。

专业选择，以是否喜爱为核心依据；填报高考志愿，以专业类别为核心依据。什么意思呢？就算清华、北大等一流名校要录取我们，只要不能被录取到所喜爱的专业，我们也不会去这些名校读书，正所谓“宁缺毋滥”。

乍一看，要摆脱这种诱惑力，是颇具挑战性的。但如果我们早已想明白了，那这就不是问题，我不喜欢吃红烧肉，别人天天给我来一份红烧肉，我看到都会感觉非常难受。红烧肉有红烧肉的味道，拍黄瓜有拍黄瓜的味道；我喜欢吃拍黄瓜，当然就会选择拍黄瓜。填报高考志愿，就像吃自助餐，别人呈现得非常多，不代表我要选择很多。

因此，在填报高考志愿时，我们所采取的先后顺序可以是：喜欢什么专业；哪些高校有这类专业；哪些高校的这类专业比较有优势；我的分数可以达到这些高校的录取线吗；我更向往哪些高校所在的城市。把这些问题想明白了，我们心目中的6个第一志愿是不是就都非常清楚了？

再次，填报高考志愿，需要考虑填报高校的专业实力。

施一公教授是我国生物科学领域的领军人物，他的实验室也代表了规范、前沿、强大。白蕊在进入施一公实验室后，在思想、态度和能力方面均有显著提升。正如她自己所说：“更感受到了科研中的兴奋、热爱与坚持的意义。清华带给了我挑战世界级难题的自信，战胜科研中满路荆棘的勇气，担当起建设科技强国的使命。”

因此，在填报高考志愿时，我们需要慎重考虑高校某一专业的实力。一般情况下，如果该专业有一些比较厉害的成果（比如发表了国际核心期刊论文或获得了国家级科学技术奖项等），有一些比较厉害的带头人（比如有诺贝尔奖获得者、两院院士、“长江学者”等），属于国家“双一流”级别，那么说明其专业实力还是不错的，值得我们选择。我们可以多收集一些资料，做个比较全面的综合分析。

最后，填报高考志愿，第一志愿需要“保一保”。

过去，在填报高考志愿时，很多人会说出这样的秘诀：第一志愿“冲一冲”，第二志愿“稳一稳”，第三志愿“保一保”。事实上，这种方法隐藏了一个巨大前提：考生对专业几乎没有任何要求，只想进入一个“更好”一点的大学。

按照高考志愿填报规则（2019），15个平行志愿投档原则为“分数优先，遵循志愿”。按考生成绩排序情况从高到低检索，排序高的优先检索，再按考生填报的院校志愿依次逐个检索投档；术科考生需文化课总成绩（含政策性照顾加分）和术科统考成绩双上线。如果考生符合A志愿院校的投档条件，则投档A志愿院校；如果达不到A志愿院校的投档条件，则继续检索后续的B志愿……以此类推。考生档案一旦投出，不再检索考生的其他志愿。

此举看似对考生有利，能让高分考生尽可能被录取到录取分数线高一点的学校。但是，考生如果没有达到填报A志愿的录取线，又没有选择“服从调剂”，那么就会被认定为“填报志愿不合理”，然后被直接退档，导致直接掉出同批次录取梯队，后面所填的14

个志愿都没有任何作用了。比如，本科批次的第一志愿没被录取，又没有填写“服从调剂”，那么就会直接掉出本科录取批次。这是多么严重的后果啊！

也就是说，如果考生选择了“服从调剂”，那么就会有被不喜欢的专业录取的风险。因此，所谓的第一志愿“冲一冲”，只可能是“冲进”更好的高校，只适合对选报专业几乎没有要求的考生。对选报专业有追求的考生应该“慎冲”“少冲”甚至“不冲”。

因此，对于专业有要求的考生，第一志愿就必须“保一保”，以确保自己能被录取到心仪的专业，而且不会掉出同批次录取梯队。在专业成为填报高考志愿的核心依据后，专业为王，学校可能要为专业让步。

（三）生涯素描

填报高考志愿，我们会考虑城市、学校、专业等因素，甚至还会考虑有没有同学等其他因素，那么您认为填报高考志愿的核心依据是什么？您是否赞同“专业为王”的高考志愿填报观点呢？请说明您的理由。如果现在要填报高考志愿，您打算如何填写？

核心依据：____

____

是否赞同：________；理由：____________________________

____

填报方法：____

____

第七章　核心阶段的生涯规划

一、幼儿阶段

（一）生涯事件

最近，我家四岁大的小宝贝经常缠着我，要我和他玩角色扮演游戏，一会儿他是警察，我是小偷；一会儿他是店员，我是顾客；一会儿他是厨师，我是食客；一会儿他是爸爸，我是宝宝……他对这种游戏特别着迷，有时一个游戏可以玩半天。

（二）生涯感悟

角色扮演游戏最突出的特点就是扮演者必须在语言、行为、心理、神情等方面对角色进行模仿，凸显角色的典型特征，让扮演者在模仿中加深对角色内涵的理解，同时能让扮演者在与周围人和事物的比较中逐渐认识自我、塑造自我、发展自我。

这里涉及一个特别重要的问题：这种角色扮演游戏具有浓厚的戏剧性，所以大多数孩子特别喜欢玩；但是要玩好这个游戏，就需要孩子惟妙惟肖地模仿；孩子要想做到惟妙惟肖的模仿，就必须在生活、影视、阅读中学会“观察”，观察相应角色的衣着、语言、动作、观念、情绪等，推测相应角色的心理活动及思想观念；如果孩子模仿得好，他就能感受到乐趣，同时还会受到夸奖，从而帮助他强化这种角色意识。这，就是职业选择的最初萌芽。

事实上，幼儿在生活中是伴有强烈的角色意识的。他们看到医生，可能就会惊恐或者哭泣，因为“医生要打针”；他们看到小狗，可能就会“汪汪汪”叫起来，因为“小狗就是‘汪汪汪’叫的”；

他们看到一只猴子，可能就会想到香蕉，因为“猴子爱吃香蕉”……客观地说，孩子的这种角色意识，比成人鲜明。

正因如此，很多孩子特别喜欢角色扮演游戏。如果我们能和孩子玩好角色扮演游戏，除了可以帮助孩子做好最初的职业萌芽工作外，还能帮助孩子养成换位思考的习惯，不断提升孩子的想象力、观察力、思考力和解决问题的能力，当然也能让孩子获得无限快乐。幼儿时期的快乐，就像太阳一样，能给孩子带来一生的光明。

既然角色扮演游戏这么重要，我们要如何才能玩好这种游戏呢？

首先，我们要真心和孩子玩。

成人有成人的世界，也有很多烦心事，在和孩子玩角色扮演游戏时，极有可能心不在焉，表面上在和孩子玩，但实际上只是说几声“嗯”“啊”“呀”来应付。如此一来，角色扮演游戏就不深入，也就谈不上让孩子逐步理解角色内涵的意义了。

另外，敷衍陪孩子玩角色扮演游戏也会严重打击孩子的积极性，因为孩子并没有从成人身上感受到乐趣，他自己的乐趣也会大大减少。孩子又不知道成人有一堆的心事，只能感受到成人的心不在焉，以后再玩角色扮演游戏，可能也就没有那么热情了。

当然，如果能有特别合适的同龄玩伴，那么是最好的角色扮演搭档。我们成人，不管怎么“装”成孩子，都不如一个真正的同龄玩伴好。但这是可遇不可求的事情。如果孩子没有适合的同龄玩伴，只能我们上场了，同时要尽可能地真心和孩子玩。

其次，我们要备足道具。

我们家有很多玩具，最多的是烹饪类的——锅、碗、铲、煎蛋、汉堡、面包、蛋糕、牛奶、雪碧、可乐、鱼、鸡、牛排、西红柿、马铃薯、西蓝花等，应有尽有。为何？我家小宝贝只要在玩具店里看到这些烹饪类玩具，就忍不住要买。而我和爱人，对这一点还算比较开明，基本可以做到有求必应。

于是，小宝贝在扮演厨师时，我可以随意点餐，他可以照单供餐；我们可以一起“切”西红柿，可以一起“煎”牛排，可以一起“吃”蛋糕。不得不说，这种有充足道具的角色扮演游戏有很逼真的生活感，可以让孩子更顺畅、更长久地玩下去。因此，孩子们想买玩具，这是一件好事情；如果孩子不想买玩具，那才让人忧愁呢。

再次，“演”“讲”要结合。

只有演不行，还要让孩子好好讲。演，要演得真；讲，要讲到位。在此，家长要注意不仅自己要多说，还要引导孩子多说，这样才能知道孩子想了什么，才能顺着孩子的话把孩子吸引到更符合实际情况的交流中来。

有时，家长喜欢逗孩子，趋向于故意说错一些话。其实，这是非常不好的，孩子能感受到我们的不严谨，同时也干扰了角色扮演游戏的真实性。从这个角度来说，家长在和孩子玩游戏时，要正经一点、严谨一点，这样才能让孩子“受益匪浅”。

我们不仅要严谨地去讲，还要智慧地去讲。比如，在和孩子一起切西红柿时，孩子可能想不到“切成什么形状”，我们就可以问孩子：如果要是烧西红柿蛋花汤，你打算把西红柿切成什么形状；如果是做西红柿炒鸡蛋这道菜，你打算把西红柿切成什么形状。之所以要智慧一点讲，就是要把角色扮演游戏做得更真实、更深入、更丰富、更有意义，这样孩子才能获得更为深刻的体验及更为科学的知识。

最后，适当问问“长大后做什么”的问题。

我们成人有时都不知道自己要做什么，那么小的孩子怎么可能对一辈子下定结论。不过，这并不意味着孩子们不可以思考，就像我们也可以规划未来一样，他们也可以“在不知不觉中学会规划”。比如，碰见公安局了，我们就可以问问孩子想做警察吗？不管孩子如何回答，我们都让孩子说一说原因，一来二去孩子就会在心底留下一个印记：嘿，我长大后要做什么呢？如此一来，孩子们就会多关注，多探索，多体验，从而在关注、探索和体验中加深对自己、对事物的认识，形成最初的职业规划意识。

这是让每个孩子都满怀期待、驰骋想象的话题。我们也可以通过选择一些适宜的绘本等方式，来和孩子聊一聊“长大后做什么”的话题。比如，日本作家秦好史郎创作的《长大后做什么》就特别有趣，这个绘本通过蒲公英、小鱼、蜡笔等角色，把丰富多彩的世界呈现在读者眼前，让孩子自由发挥想象力，大声喊出自己不平凡的心愿：长大以后做什么？

（三）生涯素描

幼儿时期是一个人最有梦想的阶段，您还能回忆起自己幼时的梦想吗？如果能回忆起点滴来，此时您有什么感受？此外，在彼时的众多梦想中，是否有一个和您当下的梦想拥有某种关联呢？如果没有明显关联，您想到了什么？如果有某种关联，您想到了什么？

幼时梦想：______________________________

此时感受：______________________________

彼此关联：______________________________

我的感想：______________________________

二、小学阶段

（一）生涯事件

据《沈阳晚报》2006年11月的一篇报道，小学五年级男生小京（化名），在父母的精心安排下，竟参加了多达11个兴趣培训班！然而，父母的精心安排并没有得到所期望的回报，不堪重负的孩子产生了强烈的厌学情绪，并希望能像爷爷奶奶一样“退休”在家。

原来，小京的日程是这样的：周一至周五，每天早上6时从家出发，坐公交车40分钟到达学校；下午4时30分放学后及周六、周日，他如赶场般参加奥数、英语、钢琴、游泳、跆拳道、绘画等11个兴趣班；每天回到家时，已是晚上7时了；吃过晚饭，小京还要完成校内和兴趣班作业，等全部作业完成睡觉时，往往已是深夜11时了。

（二）生涯感悟

随着社会的发展，那种天天“上树掏鸟，下河摸鱼”的快乐童年生活，已经一去不复返了。绝大多数的儿童的闲暇，被繁重的作业和各种兴趣班牢牢占据了。就像报道中的小京一样，他的时间安排堪比一个加班族。

在如此重负之下，人难免会感到累、感到烦。因此，小京产生厌学情绪，实属正常。

那么，我们如何看待儿童参加兴趣班这个事情呢？

首先，儿童非常有必要参加兴趣班。

当下，各级各类学校都会开展艺术类、体育类、科技类等特色课程及组建相关社团，让学生在学习的同时培养自己的兴趣，发展自己的特长，帮助孩子跳出只拥有考试分数的狭小枯井，去看、去参与、去体验更广阔的天地，这才是面向未来的教育，这才是为成长奠基的教育，这才是真正的素质教育。从这个角度来说，一个学校到底好不好，我们可以看一看学校在考试科目之外到底做了什么。

同样的道理，家庭教育好不好，我们也可以看一看家庭在关注考试分数之外还重视什么。支持孩子参加兴趣班，就是支持孩子体验，就是支持孩子发展，就是支持孩子开启一个又一个人生窗口，这就是一个更长远的考虑。如果家长不支持孩子参与兴趣班，那真是掩盖了孩子的一个成长窗口，这种损失有时完全是无法弥补的。

其次，儿童要拥有“点餐”的权利。

儿童有必要参加兴趣班，并不代表儿童就要接受家长的生硬安排。也就是说，我们要给予儿童选择和决定参加哪种兴趣班的权利。一是要培养孩子独立自主的意识；二是要尊重孩子的关注需求；三是不能把孩子“撑到”了。

现在，兴趣班名目繁多，而我们又特别希望孩子能够“全面”发展。但是，一方面人的时间和精力是有限的，另一方面全面发展不代表要全部参加。在这样的背景下，儿童的“点餐”权利就是合理选择兴趣班的重要保障。一般情况下，儿童主动想报的，我们尽量满足；儿童拒绝参与的，我们尽量放弃；家长觉得有必要的，家长可以强烈推荐，想办法让儿童尝试，但是最终决定权要给予儿童。如此，儿童的兴趣班数量就比较科学，既能让儿童全身心投入，又能减少家庭开支，一举两得，何乐不为。

再次，儿童要拥有“剩饭”的权利。

这个时期，儿童参加兴趣班的主要目的是通过参与体验来探索自我，至于刚刚点过的餐到底符不符合儿童口味，儿童只有吃了才知道。当儿童尝了几口后，发现这道菜很难吃，于是产生扔掉的念头。此时，家长可以鼓励儿童继续吃几口，细细品味一下，以免儿童因为“过于挑食”而失去继续探索的机会。但是，如果孩子真的不想再吃下去，家长也不要过于勉强，以免儿童“坏了胃口”，影响其他方面的进食。

事实上，培养兴趣的过程，就是一个不断选择、不断放弃的过程，最终达到“缩小范围，确定方向”的目的。想到这一点，我们就容易理解孩子们为什么会“剩饭”的原因了。因此，当儿童离开某一个兴趣班的时候，也是对自我有了新的认识，这是好事情。家长不用觉得太可惜了，毕竟适合的才是最好的。

最后，儿童需要更多“精准”帮助。

一般情况下，凡是真正的学习和探索，都是需要付出时间和精力的。也就是说，即便是儿童喜欢的兴趣班，有时也不免会因为挤满时间和耗费精力而产生一丝懈怠情绪，毕竟人的本性是渴望轻松的。此刻，家长需要根据长期的观察结果，判断儿童到底比较喜欢哪些培训班,然后在儿童可能出现懈怠情绪时要鼓励他们学会坚持，在儿童取得一些成绩时要引导他们看到自身长处及发展天赋。

作为成人，我们都知道做成一件事情是不容易的，帮助孩子培养一个受益终身的生活兴趣或职业兴趣更是难上加难的事情。因此，我们要在儿童需要时给予他们“精准”的帮助，以便他们能够长期守护自己的兴趣，积蓄未来生活和发展的财富。在我看来，最理想的情况是，儿童在五六年级时能保持两到三个兴趣，已经是比较理想的结果了。

总之，在儿童阶段，个体的生涯规划任务主要是进行广泛的尝试，通过不断的尝试，以发现、确立、显化自己的兴趣和天赋。参加兴趣班有必要，但是确实不宜过多参加兴趣班，因为我们要永远小心翼翼地保护儿童勇于探索的热情，不要让儿童过早地体验到成人世界的艰难和懈怠，把儿童变成压抑的成人。

（三）生涯素描

您曾经参加过哪些兴趣班？是父母帮您选报的，还是您自主选报的？这些兴趣您现在还保留着吗？您为什么还保留着呢？或者说您为什么放弃了呢？如果再给您一次重新选择机会，您还会保留或放弃吗？这又是为什么呢？请您按照下面的方式理一理吧。

班级名称：________________________________

选报性质：________________________________

是否保留：________________________________

是否放弃：________________________________

重新选择：________________________________

三、初中阶段

（一）生涯事件

小亮是班里的“红人”，不喜欢学习，但特别喜欢打篮球。班主任问他：“你打篮球纯粹为了玩吗？”他一愣，坚定地说道：“才不是呢，我要参加 CBA！”老师对他竖起大拇指，说：“好！我百分之百支持你！”

当然，参加 CBA 是需要极高天赋的，而小亮在篮球方面并不算出众，但这丝毫不影响小亮把打篮球作为志趣。于是，班主任告诉小亮，为了走好篮球发展路，他一方面要全身心练习篮球技术，另一方面要了解以篮球为专业的求学路径，要有硬本领，要明白未来走向。

同时，班主任在和小亮父母交流时，也特别建议他们尊重小亮的个人喜好，同时帮助他创造条件参与一些篮球活动，比如带小亮去现场看一看 CBA 比赛，让小亮在现实中感受到梦想的力量。

（二）生涯感悟

根据上文，我们知道，个体面对兴趣时主要经历了尝试、选择、放弃、确立等过程。也就是说，随着年龄的增长，个体的兴趣在数量上变少了，但是在方向上变得更明确了。个体慢慢知道自己喜欢什么，并且在有意无意间会将当下的兴趣与未来的职业联系起来，呈现出清晰的生涯规划意识，就像小亮一样。这是非常棒的成长状态。

面对为数不多的兴趣，初中生需要做什么？

一方面，他们需要深入发展兴趣。

在这个阶段，他们在兴趣领域所表现出来的水平，应该能超出同龄人一大截。换言之，他们要有一些专业认知了。比如，如果想做航天员，他们要有能力给同龄人开一个关于航天知识的讲座。这就需要他们深入发展兴趣。如何才能做到深入发展兴趣呢？

最核心的是，他们需要通过各种途径去学习。比如，通过书籍了解航天发展史，通过新闻了解航天发展现状，通过讲座了解航天技术，通过对话交流掌握航天知识，通过练习不断提升航天模型制造技术等。这些方法都是非常重要的学习途径，需要他们长期坚持。

另一方面，他们需要增加实践体验。

比如，上述例子中，班主任和小亮交流，班里可以为小亮创设实践平台，他可以竞聘班级篮球队队长职务，尽早组建班级篮球队，协调好日常训练与上课学习之间的关系，并做到随时可以参加学校的篮球比赛。小亮不能把梦想停留在幻想中，而是要落地，这都是他要成为篮球运动员所要经历的。

当然，如果能有更真实的体验平台就更好了。比如，对于喜欢做厨师的学生，随时都可以在家里“露一手”。小亮如果能到某CBA俱乐部走一走、看一看，那种体验也会超出平常的感觉。从这个角度来说，增加初中学生的社会实践机会，是十分必要的而且时机也较为恰当的。

那么，按照这种方式，初中学生可以达到什么样的水平呢？

据厦门网报道，在2018年12月9日结束的2018年某个国际发明设计展上，厦门六中初一学生郑淳友携带其发明的“电动牙套牙刷”，陈霖莹携带其发明的“Y字形电动牙刷”，双双荣获金牌奖，郑淳友还获得某发明大会“最佳电子设计类特别奖”。

郑淳友说，他无意中看到奶奶使用的假牙，就想：是否能设计一种牙套型牙刷，达到清洁每颗牙的目的？暑假期间他开始构思、画图、制作模具，不断调整设计方案，最终借助3D打印技术实现构思。

陈霖莹笑着说，她的发明源于“懒”。“每次刷牙，要很久才能刷好一排牙，怎样才能同时刷好两排牙？我就想到了这个点子。”Y字形牙刷带有两个球形刷头，为刷牙增添了不少乐趣。惊险的是，参展的前一天晚上，陈霖莹不小心把这支牙刷摔断了，后来只能用电容胶黏合，再用广告纸“伪装”起来。

据《金坛时报》报道，第二届“曹文轩儿童文学奖”获奖作品新闻发布会在2019年12月举行，金坛华罗庚实验学校九（1）班学生王宁婧以小说《雅典会谈》获奖，并成为江苏唯一的少年获奖者。[①]

国家一级作家、金坛文学期刊《洮湖》杂志主编葛安荣介绍，2018年4月收到王宁婧投寄的小说《先知与槐花》，确认是原创后，他便惊讶于她的文学天分，破例在杂志头条刊发了这位13岁小作者的作品。此后，又以头条方式发表了她的另一篇小说《猫的水仙花》，该小说后来被《少年文艺》转载。

……

通过以上实例我们不难看出，初中学生完全可以在某些方面具有非同寻常的水平，甚至可以超越成人。因此，在兴趣发展上，我们千万不要再把初中学生看作是孩子，他们的创造力一旦迸发，将带来不可思议的成果。因此，我们要想方设法让初中学生不断地深入发展兴趣，并持续为他们创建增加实践体验的平台。

当然，我们需要注意的是，兴趣发展不以成败论英雄，不管初中学生有没有在兴趣领域做出特别优秀的成绩，我们都要尊重他们的兴趣，因为有兴趣并参与其中才是最宝贵的，兴趣能否开花结果也是非常重要的方面，但却不是唯一的方面，也不是最为核心的一面。因为我们更加需要他们在喜爱中获得方向，在追求中获得力量，在实践中获得快乐。早一点出成果当然好，晚一点出成果也没有问题；既有大成果的幸福，也要有小成果的乐趣。正所谓："白日不到处，青春恰自来。苔花如米小，也学牡丹开"。

（三）生涯素描

初中后，我们坚守的兴趣是什么？我们在兴趣领域表现出超出同龄人的水平了吗？我们是如何做到这一点的？或者我们为什么没有做到这一点呢？接下来，我们打算怎么办呢？请您按照下面的方

① 李永兵，蒋建君．王宁婧小说获第二届"曹文轩文学奖"[N]．金坛时报，2019-10-18(2)．

式理一理吧。

兴趣名称：______________________________

具备水平：______________________________

背后原因：______________________________

____

____

未来计划：______________________________

____

____

四、高中阶段

（一）生涯事件

1977 年，中断 10 年的中国高考制度得以恢复，中国由此重新迎来了尊重知识、尊重人才的春天。据查，当年的高考科目，理科为政治、语文、数学、物理、化学，文科为政治、语文、数学、历史、地理。后来，高考科目变为“3+2”：理科为“语文、数学、英语”+“物理、化学”；文科为“语文、数学、英语”+“政治、历史”。

2001 年，全国高考科目调整为“3+X”：理科为“语文、数学、英语”+“物理、化学、生物”综合；文科为“语文、数学、英语”+“政治、历史、地理”综合。这种高考模式一直沿用了很多年，并被广泛采用。

2014 年，新高考模式出现，高考科目短暂出现“3+6 选 3”模式后，又出现按“3+1+2”模式设置：不再分文理科，“3”为全国统一高考的语文、数学、英语，“1”由考生在物理、历史2门学科中选择1门，“2”由考生在思想政治、地理、化学、生物学4门学科中选择2门。选择物理的，类似于原来的理科；选择历史的，类似于原来的文科。

（二）生涯感悟

按照“3+1+2”模式，高中学生选择科目的可能性达到12种。这12种科目组合，虽然都可以参加高考，但是随后能够填报的专业却大相径庭。以报考北京大学环境科学专业为例，“1”必须为物理，“2”中必须包含化学，否则就报不了这种专业。统计数据显示，高中学生选择物理、化学、地理三科的组合，将来可以填报99.4%的专业，如果选择政治、历史、地理三门科目的组合，可以填报的专业只有52.9%。

从这个角度来说，高中学生在选择所学学科时，其实已经确定了将来所报专业的范围。

问题是，我们到底是用专业定学科，还是用学科定专业？

事实上，从恢复高考开始，高中学生都在做选择，只不过过去的选择只有两种，现在的选择更多。但考虑问题的关键不在选项有多少，而在于我们依据什么来选择。只有具备了明确的选择依据，我们才能直奔主题来选择，才能让选择变得更科学、更简单。否则，选择会让人很头痛，尤其是“3+6选3”这种模式，选择性有20种，如果没有依据的话，根本不知道该如何去选。

显然，新高考模式警示中学生不能再只埋头学习追求单纯的分数，也提醒中学生不仅要提前了解高校学科、专业的内涵，还要充分了解自身的兴趣、特长和专业意向，以便做到科目选择与专业填报贯通、统一起来。只有这样，我们选择的科目组合，通过辛辛苦苦完成的学业，才能为理想的专业服务，将来才可能把专业变为职业、把职业变为事业、把事业变为志业。这是层层递进、环环相扣的，前面出现问题，后面就会多走弯路。而这正是我们一直在探索的生涯规划，也是需要我们在选择科目前就完成的准备工作。

那么，面对新高考，我们要怎么做呢？

首先，仍然需要重视语、数、英三个“主科”。

不管是老高考模式，还是新高考模式，语、数、英都是“主科”，肯定是需要尽全力学好的。因此，我们需要不断夯实语、数、英三个学科的基础，不断提高三个学科的核心素养，将三个“主科”的优势牢牢地握在手中。

其次，根据兴趣提前规划好必考科目。

对于三个主科，我们没有选择的权利。所以，选科的重点就在于我们要选择好必考科目。这是一个在本书中无数次谈及的问题，再次简单说明：重视生涯规划，通过探索和体验，不断认识自我，了解自身的兴趣、特长及专业意向；了解社会发展需求，将自己的兴趣与社会发展需要结合起来，进一步确定自己未来的职业方向及发展目标。做好这样的生涯规划后，我们就可以根据大致专业方向倒推必考学科。

比如，我想做临床医生，将来填报高考志愿时需要填报临床医学专业，以填报武汉大学临床医学专业为例，根据要求，考生必须在物理和历史两个科目中选择物理学科，同时还必须选择化学科目。这样，物理和化学都是必考科目，这是大方向，大方向确定了，后续选择就很好办了。

最后，根据学科优势选择选考科目。

根据选科前的全科体验情况，确定自己的优势学科。一般情况下，可以将学科分为四类：喜欢且擅长、喜欢但不擅长、不喜欢但擅长、不喜欢且不擅长。我们可以直接选择第一种情况，也可以直接排除第四种情况。至于第二种、第三种如何选择，就要看自己的取舍了，选择喜欢的是照顾内心的情绪，选择擅长的是照顾将来的分数。

人们都说“高考是指挥棒”，现在新高考就用倒逼的方式来提醒学校、家庭、老师、学生都必须重视生涯规划了。新高考呈现出“选择性”，给我们带来了广阔的选择空间。但是，到底依据什么来选，就是我们自己的事情了。从这个角度来说，生涯规划比任何时候都显得重要，我们必须从进入高中，甚至更早的时候，就要加强探索和体验，逐步做好“选择”和“规划”，真正实现“我的人生我做主，我的人生我能漂亮做主”。

（三）生涯素描

如前所述，在高中阶段，我们的主要任务就是要将“兴趣”与“学科”对应起来。一直以来，您的兴趣是什么？您基于兴趣要选择的专业是什么？您需要学习的必考学科是什么？您打算选考哪一个科目？现在，就请把您的“3+1+2”中的后两项写出来吧。

兴趣名称：____________________

专业名称：____________________

必考科目：____________________

选考科目：____________________

五、大学阶段

（一）生涯事件

据新浪网报道，为了学习中医，已获得浙江大学药学专业硕士毕业证书的山东小伙张韫喆，在2019年重新参加高考，并被山东中医药大学中医学专业录取，坚定地走上了成为一名中医的人生路途。

据张韫喆说，他一直想学医，却在第一次高考因为成绩不够理想，未能被医学专业录取，而是听取他人建议选择了并不喜欢的应用化学；在被保送浙江大学学习药学之后，才知道学药学根本做不了医生。虽然家人坚决反对，但他仍然选择坚持重新高考。对此，很多网友表示不理解，觉得这种选择成本太高，也太“任性”了；另一部分网友觉得，只要有梦想，什么时候追寻都不晚！

（二）生涯感悟

张韫喆为什么会这样不顾一切地去学习医学？他告诉记者，说自己从小就特别想做医生，不做医生的话，就感觉枉活了一生。“人生就像一场足球比赛，在没到终场哨响起的那一刻，绝对不能放弃。”张韫喆这样说。

“我想要告诉现在高考的学生，一定要坚持自己的理想。有梦想就要去追，千万不要耽误到自己后悔才开始行动。”张韫喆说，“过去经历的种种挫折也令我更加珍惜今天来之不易的学习机会，知道了自己想要什么，未来想成为什么样的人。既然我选择了重新起航，我会为中医事业推陈出新，对后人有所贡献。”

张韫喆的朋友王雨，受到张韫喆的鼓励，从工作了几年的事业单位辞职，重新报考研究生，因为她在张韫喆的身上看到了努力的意义。“对于学习，对于梦想，我觉得，什么时候开始都不晚，年龄不是限制我们做事情的障碍。”王雨说。

像张韫喆这样不喜欢所学专业的大学生比比皆是，但是像张韫喆这样能为了梦想而重新参加高考的大学生少之又少。这段经历，对张韫喆来说，既是悲剧，也是喜剧。说是悲剧，因为张韫喆为此走了7年（4年本科+3年研究生）的弯路；说是喜剧，因为张韫喆非常坚定地想明白了自己将来要成为什么样的人。

我们可以想象得到，在读本科和研究生的7年里，张韫喆产生过多少厌烦、失望、无助的不良情绪。而这一切的一切都源自选择了应用化学专业。当初，如果张韫喆在未能被医学专业录取的时候，就果断复读等待第二年再考，那么后面的不幸可能就会避免。张韫喆的这个“小失误”，被7年时光、名校硕士、重新高考等词语复原到应有的“大模样”。是的，这不是“小失误”，而是“大错误”。没有张韫喆的故事，我们可能都无法得知这样的错误会让人付出多少代价。

这个“小失误”的核心问题是什么呢？

其实，这就是我们反反复复强调的，在填报高考专业志愿时，能否做到“根据兴趣选择自己喜欢的专业”。仅此而已。如果学不到自己喜欢的医学，张韫喆说自己好像“枉活了一生”。这句话的重量，或许只有张韫喆自己才能掂量得最清楚，但是我们也能清晰地想象到它压在地面而陷下去的情景。谢谢张韫喆愿意敞开心扉告诉我们这个道理。

高考可以重来，岁月却不可以重来。我们还是尽可能地不要出现这样的“小失误”。万一我们在进入大学后发现所学专业并非自己喜欢的，那要怎么办呢？我想，我们可以“先调整”，“再抉择”。

先调整什么呢？重新审视所学专业，难道我们一点也不喜欢吗？我们是否可以尝试喜欢呢？比如，了解这个专业出现及发展的历史，了解这个专业的社会价值，了解这个专业所出现的伟大人物，先用心去了解它，然后慢慢尝试喜欢上它。如果在调整之后，我们有“一点点喜欢它了”，那么我们就可以继续这样做，了解它，喜欢它，学一行，爱一行。

再抉择什么呢？在尝试着调整后，我们只能感觉到离梦想越来越远，怎么办？我们要考虑将来从事的职业和专业到底有多大关系，是不是就像张韫喆那样，非要重新高考不可？如果两者关系不大，那么我们就多用闲暇时间，多多学习与所喜欢职业有关的专业知识，为以后做准备。如果两者关系很小，完全不可能融合，那么我们是否可以果断转向？因此，所谓“再抉择”，实际上就是想清楚到底是“留”还是“走”。从这个角度来说，人生或许没有对错，而只有取舍，我们看重什么，就去选择什么，重点是要得到什么，而不是看会失去什么。

事实上，张韫喆的经历，还有一个特殊之处需要注意，就是他从小就想做医生，但是第一次高考时因为成绩不够理想而未能被医学专业录取。因此，他的问题不在于是否知道兴趣是什么，而是在于明知道自己想做医生，却做出违背内心意愿的事情，在重要时刻不够坚定，以致出现后面的问题。当然，那时的张韫喆毕竟只是一名高中毕业的学生，可能也并未深入思考过生涯规划的事情，于是懵懵懂懂走错了路，这是可以理解的。

但是，这也告诉我们一个道理，关于生涯规划的事情，一定要重视，一定要早开始。通过人生几个关键时刻来看，填报高考志愿确实是一个特别重要的工作，稍有不慎，就可能会影响全局。

因此，我们要提前筹划填报高考志愿的事情，需要先想明白自己要填报什么志愿，到时直接勾选即可。也就是说，填报高考志愿的时刻，不是立刻思考且做决定的时刻，而是根据前期思考直接勾选的时刻。总之，填报高考志愿，不是一瞬间的事情，而是长时间思考的结果。

（三）生涯素描

如文中所述，人生或许没有对错，而只有取舍，我们看重什么，就去选择什么，重点是看要得到什么，而不是看会失去什么。如果您是张韫喆，您会重新选择参加高考吗？为什么？

我的选择：________________________________

选择原因：________________________________

____

____

六、工作之时

（一）生涯事件

即将毕业的小燕（化名）就读的是医学类专科学校，学历不高，专业不好，找工作四处碰壁，很难找到理想中的工作，她理想的工作地点至少在县城，公立医院最好。在实习结束后，小燕在沿海地区找到一家私立医院，虽然工作非常勤奋，但是依然感觉工作与理想的差距很大，很难安心工作。

2020 年新冠疫情来袭，小燕所在的私立医院门可罗雀，基本没有什么收入，只能减员。小燕虽然未被辞退，但被调离原岗位，不再做本专业工作。这让小燕感到非常迷茫，是走还是留，接下来要怎么办?

其实，小燕的选择也有很多，降低地区要求，努力考取乡镇公立医院事业编制；静下心来学习，创造机会继续升学；等待合适的机会，继续在沿海地区找一家私立医院；直接更换职业，看一看可以报考哪些类型的公务员等。

（二）生涯感悟

近年来，大学毕业生数量非常庞大，因为僧多粥少，用人条件也水涨船高，原本聘用专科学历的，现在都要求本科学历；原来聘用本科学历的，现在都要求研究生学历。比如，在大多数深圳公办幼儿园里，具有研究生学历的合同制老师已经很普遍了。

在这种情况下，起点较低的大学毕业生就很难在起步阶段实现对高学历毕业生的超越，因为招聘单位已经设立了一个硬杠杠，学历低的，根本就没有机会进入。因此，那些“学历不够高，专业不够热”的各级各类大学毕业生就需要自觉找到与自身条件相匹配的工作单位，偏远地区的、规模小的、级别低的、薪资少的等。

当然，水往低处流，人往高处走，人心一般都是这山望着那山高。学历低的大学毕业生会遇到上述问题，学历高的大学毕业生也会遇到类似问题。或者说，不管是哪一层级的大学毕业生，都会面临发展与上升的需求。

一般来说，职业发展与上升的路径是：站在起点上，一步一步来。

也就是说，刚毕业的我们就要按照自己的职业理想，按照匹配的方式来找单位，用长远眼光看待职业发展与上升，不要急于一时。

然后，认认真真对待工作，岗位可能不是很理想，但工作同样可以做得很出色。比如，作为教师，不管是在农村小学代课，还是在一线城市的小学工作，都是一样教书育人，我们可以慢慢做着，等做出成绩后，自然可以获得更多职业发展与上升的机会。

此刻，我们需要“耐得住寂寞”，勤奋工作，力争做出成绩；踏实研究，力争做出成果；用心工作，力争提升自己。三五年之后，我们在业界已可以站稳脚跟，并小有名气，那时便可成为各单位争相聘用的“香饽饽”，因为单位说到底是需要能成事的职员，而非单纯学历高的职员。从这个角度来说，我们只要进入相关职业领域，还是有很多机会可以赶上来的，当然这个过程会比较辛苦，甚至会稍显孤寂，但是我们心怀明亮的太阳，一直向着远方前行，苦一点、累一点的经历，都是沿途随风飘摇的花儿和草儿。

2006 年我大学毕业，只能进入县城的一所中学，由于我勤奋、踏实、用心。三年后，我就摆脱了刚毕业时的窘态，基本可以做到“不是单位选择我，而是我可以选单位”了。这就是勤奋、踏实、用心带给我的职业资本，让我突破了职业瓶颈，那些当初遭遇的白眼、难题、彷徨及忧伤，早已成了培育花果的肥沃土壤。

有人可能会说，我不想沿着这条路走。比如，你让我在小地方工作，我实在忍受不了，我必须到北、上、广、深大城市去。此时，我们需要明晰一条主线，那就是在自己喜爱的领域工作。如果在北、上、广、深等城市，我们依然可以进入自己喜爱的领域工作，那么这样选择当然是没有问题的。问题是，如果进不了自己喜爱的领域，我们还要到这些地方去吗？

如果说我们刚刚交流的第一种选择可以称为“突破”的话，那么现在要面临的选择是可称为“改变”，为了实现某个目的，不能进入自己喜爱的领域，必须变换领域了。比如，我是医学专业，既然做不了医生，那么就去做其他低门槛的工作吧，比如做销售。换言之，我们已经顾不上那个自己喜爱的领域了。前文说过，人生或许没有对错，而只有取舍，重点是看能得到什么，而不是想会失去什么。如果我们愿意舍弃喜爱的领域，那就做出选择吧。

做出选择后，我们必须考虑到后续可能发生的问题：一是不是自己熟悉的领域，需要一段时间的适应期；二是有时可能觉得自己只是要养活自己，而没有了梦想；三是有时想一想自己错过的，可能会产生一丝悔意。当然，我们也有可能取得更丰厚的报酬及较高的社会地位，只不过离当初的喜爱领域渐行渐远罢了。

（三）生涯素描

如果您是小燕，您会怎么选择？您选择的理由是什么？请您分析，在将来毕业工作时，是可以在大范围内选择单位，还是只能局限在一些小范围内选择单位？接下来，您会怎么办呢？请写出您的思考吧。

我的选择：____________________

选择理由：____________________

____

____

我的情况：____________________

我的行动：____________________

____

____

第八章　过来人的启示有哪些？

一、禾下乘凉梦

（一）生涯事件

袁隆平院士既是一位世界级的大科学家，同时也是一个爱做梦的平常人。他饶有兴趣地对记者说，他曾两次梦见水稻长得有高粱那么高，穗子像扫把那么长，颗粒像花生那么大，而他则和几个朋友坐在稻穗下面乘凉。“可这个梦实现起来不容易啊。”袁隆平院士说，“要让人能乘凉，稻子就必须长到比人还高。如果按照亩产来说，至少需要达到1500公斤以上。”[①] 如今，这极具夸张的梦想正在一步步变为现实，因为亩产1200公斤的难题已被袁隆平院士攻破。

（二）生涯感悟

湖南省农业科学院党委书记柏连阳长期在袁隆平院士身边工作，“袁院士经常教育青年科技工作人员：电脑上是种不出水稻的，鼓励大家要把论文写在大地上。只要有人去他家里请教、讨论杂交水稻工作，他总是热情接待，可以不吃饭、不睡觉也要认真探讨杂交水稻。”[②]

在被授予“共和国勋章”后，袁隆平院士坦言很激动，“我不能躺在功劳簿上睡大觉，要继续努力，继续攀高峰。”他谈到自己的两大任务，一个是继续搞杂交稻，要高产、更高产、超高产；一个是攻关海水稻，成立国家耐盐碱水稻技术创新中心。[③]

---

① 陈鲁民．从袁隆平“禾下乘凉梦”说起［N］．山西日报，2007-08-03(4).

② 国庆七十周年科学成就——袁隆平杂交水稻．[EB/OL]．[2019-10-08]．https://www.sohu.com/a/345414214_120367843.

③ 王俊．“我不能躺在功劳簿上睡大觉”［N］．新京报，2019-09-30(A07).

按道理说，袁隆平院士被评为中国科学院院士，获得了国家最高科学技术奖和国家荣誉称号，也在杂交水稻方面作出了突出的贡献，应该可以休息了。但是，袁隆平院士却一直以研究杂交水稻为乐，思维活跃，生活充实，直到去世。

这就是做事业的典范。

真正的事业是没有终点的。我们不知道自己可以在哪些领域能够做出何等成绩，所以要持之以恒地探索。当然，如果我们仅仅把工作当作谋生的工具，那么一眼就可以看穿整个生涯。在相当长一段时间内，我们一直在强调培养学生成人、成才，但实际上这远远不够。

如果我们把工作做成这样，职业自然而然就成了事业，此时我们不想做出一点成绩都难，为何？因为任何事业的发展，都抵不过持之以恒的探索。然而，面对当下的工作，我们愿意持之以恒地探索吗？换言之，我们体验到工作给予我们的最大乐趣了吗？

当然，每一个人都不是神仙，都需要人间烟火。正因如此，工作必然要为吃、穿、住、行服务，成为自己生活的保障。但是，除此之外呢？随着社会的发展，绝大多数人将逐渐摆脱工作被吃、穿、住、行所限的窘境，出色的工作必将为丰盈精神世界奠定良好的物质基础。

这样我们就会发现，需要每周花费 5 天、每天花费 8 小时的工作，对人生来说就有另一番意义。什么意义呢？工作能大大创造社会价值，给我们带来非凡的精神愉悦。现在，我们基本认可“袁隆平院士没有白活”的观点，都能看出袁隆平院士在摩挲稻穗的喜悦心情，把工作做到了极致，工作成了生活的一部分，工作变成了毕生探索的事业，利己利人，利家利国，满腔愉悦，一生无悔。

袁隆平院士会累吗？

袁隆平院士不烦吗？

袁隆平院士图啥呢？

我们可以看到或想到：袁隆平院士也会累，但依然很享受；说到这，大家可能都想知道：袁隆平院士到底是如何做到的？依我看，答案只有一个极为普通的词：兴趣。只有让我们感兴趣的工作，才能引起我们持之以恒的探索。

（三）生涯素描

您认为袁隆平院士为什么一生都能保持对事业的热情？您觉得袁隆平院士快乐吗？在 90 岁时，您希望自己能拥有袁隆平院士的状态吗？袁隆平院士的事迹给您哪些启示？根据这四个问题，请您想一想自己 90 岁时的样子，为此您打算做些什么？

90 岁的模样：________________________________

目前打算：__________________________________

____

____

二、埋名三十年

（一）生涯事件

在 1988 年核潜艇首次深潜试验中，年逾花甲的黄旭华置个人生死于不顾，亲自随产品深潜到极限，成为世界上第一个参与极限深潜试验的总设计师；从 1958 年接到任务，到 1988 年顺道回家探望母亲，黄旭华隐姓埋名 30 载，默默无闻，寂然无名，直到 2013 年他的事迹逐渐“曝光”，亲友们才得知原委。

（二）生涯感悟

黄旭华是中国第一代核潜艇总设计师、中国工程院院士、中国船舶重工集团公司第719研究所原所长，为我国核潜艇事业奉献了毕生精力，为核潜艇研制和跨越式发展作出了卓越的贡献；先后荣获国家科学技术进步奖特等奖、国家最高科学技术奖等奖项及“全国先进工作者”“共和国勋章”等荣誉。

1988年4月29日，我国进行核潜艇首次深潜试验。数百米的深潜试验是最危险的。“核潜艇上一块扑克牌大小的钢板，深潜后承受的外压是1吨多。这么大的艇体，若有一块钢板不合格、一条焊缝有问题、一个阀门封不严，都是艇毁人亡的结局！”深潜试验遭遇事故并不罕见。20世纪60年代，美国核潜艇“长尾鲨”号便在深潜试验时沉没，艇上一百多人全部遇难。

对参试人员来说，这无疑是巨大的心理考验。为增强参试人员信心、减小压力，这位62岁的总设计师做出惊人决定：亲自随核潜艇下潜。对此，黄旭华说：“我不是充英雄好汉，要跟大家一起去牺牲，而是要确保人、艇安全。”

1小时，2小时，3小时，核潜艇不断地向极限深度下潜。海水挤压着艇体，舱内不时发出“咔嗒、咔嗒”的巨大声响，直往参试人员的耳朵里钻。时任深潜队队长的尤庆文回忆当时情景，仍然激动地说：“每一秒都惊心动魄。”尤庆文抱着录音机录下舱室发出的声音和下潜指令。黄旭华全神贯注地记录和测量着各种数据。

在黄旭华办公桌上的玻璃板下，压着一张他指挥大合唱的照片。从2006年开始，连续几年所里文艺晚会的最后一个节目，都是由他指挥全体职工合唱《歌唱祖国》。记者曾问黄旭华：“在您的心中，爱国主义是什么？”黄旭华答：“把自己的人生志向同国家的命运结合在一起。”

客观地说，黄老确实为我国核潜艇事业的发展付出了很多，先不说隐姓埋名30年，单说30年不能见父母、兄弟、姐妹，就是天大的付出。但黄旭华深爱着核潜艇事业，即使到了94岁高龄，还依然在“服役”。

不得不说，黄旭华是真正的爱国者，他深知核潜艇事业对国家的重要性，于是毅然决然地投入核潜艇事业发展中。更令人敬佩的是，他的爱国主义并不是假、大、空式的唱高调，而是非常朴素、真诚地把自己的人生志向同国家的命运结合在一起。

在前面的章节中我们提到，把兴趣升华为志趣的途径就是把兴趣与社会发展结合起来。从这个角度来说，黄旭华对核潜艇事业的热爱已经升华为志趣了。当然，我们可能不会像黄旭华那样对国家作出那么大的贡献，但我们可以朝着那个方向去努力。

简单来说，我们可以想一想，如果我们在兴趣领域做得非常好，那么对他人是不是会有所帮助？如果我们唱歌唱得好，那么就可以让听众领略到音乐的魅力，不仅可以愉悦心情，而且还可以感受音乐给予人的力量。不是简单地唱唱就算了，而是唱出水平来、唱出价值来。

（三）生涯素描

您的兴趣是什么？您的兴趣可以与社会发展的哪些领域相结合？如果做得好，您可能在哪些方面帮助别人？或者说，您的志趣可能产生什么样的社会价值？现在，就请您按照下面的形式，升华您的兴趣吧。

我的兴趣：____

结合领域：____

____

____

社会价值：____

____

____

三、精灵李子柒

（一）生涯事件

2016年年初，李子柒开始拍摄视频，其作品题材来源于中国人真实、古朴的传统生活，以中华民族引以为傲的美食文化为主线，围绕衣、食、住、行四个方面展开，传达积极向上、热爱生活的态度，同时结合人生经历诠释独立自强的奋斗精神，曾被共青团中央官方微博等众多主流媒体转发表扬，被誉为“东方美食生活家”。2020年5月20日，李子柒被中国农民丰收节组织指导委员会聘为农民丰收“网络推广大使”，与袁隆平、冯骥才等六人同列。

（二）生涯感悟

小时候，李子柒由年事已高的爷爷奶奶抚养；14岁时，李子柒只身前往城市打拼，开始了长达8年的漂泊生活。在最初打拼的日子里，李子柒睡过公园的椅子，啃过两个月的馒头。但要强、能吃苦的性格，让李子柒迅速在陌生的城市学得一技之长。

2012年，李子柒的奶奶生了一场重病，她担心如果自己再像以前一样长期不在奶奶身边，或许将来会带着“子欲养而亲不待”

的悔意生活一辈子，而喧嚣嘈杂的城市环境也让她更加想念深山中的生活。李子柒说，那时人生最大的愿望就是有朝一日能够与奶奶一起过上简简单单的农家生活。这也是她能成为今天的李子柒的最重要的人生转折点。

李子柒拍摄的视频主要根据中华民族传统文化中的时令节气、传统节日、民风民俗来确定选题，选择用简单记录工艺流程或依附一定的人物故事主线两种方式演绎。凤凰资讯曾这样评价，这些美食均还原古法工序，应用古朴炊具，散发着淡淡的田园气息，独特的视角配以悠扬婉转的古调，凸显对田园生活的追求，让人过目难忘。

据李子柒介绍，拍摄视频不仅辛苦，而且颇费时间。比如，《兰州牛肉面》中记录的兰州牛肉面被誉为“中国面文化的活化石”，工序繁杂、考究，对于工人的操作年限和技术要求极高。李子柒用近两个月时间向技艺精湛的老师傅求教，终于以“二细”的标准完成了视频录制，从资料查阅、走访调研、深入学习，加上独立拍摄、剪辑到最终呈现，前后历时长达 3 个月。

每一个人的梦想可能都不相同，每一个人的关注点可能也不一样。李子柒的梦想是过上简简单单的农家生活，所以她把关注点放在了农家生活上。就在这个领域内，李子柒发现了农家生活的独特魅力，并选择以美食作为主线来展示，在有意或无意中契合了现代人回归自然、返璞归真的心灵需求，在传承中华文化的同时，获得了一定的经济利益。

可见，李子柒拍摄视频的活动，实现了梦想，传承了文化，获得了个人价值、经济价值、社会价值，可谓一举多得！对于普通人，如果也能找到这样的一件事，岂不美哉？

李子柒的梦想平凡又伟大，朴素又高雅。她之所以能够实现这个梦想，主要是因为她对农家生活的热爱，以及由浓烈的热爱到细腻的观察，由细腻的观察到深刻的体验，由深刻的体验到唯美的呈现。因此，我们不仅要看到梦想，更要看到梦想背后实现的力量。

（三）生涯素描

有人说，李子柒只是一名“网红”而已；有人说，李子柒触动了很多人的心灵世界。您认为李子柒把梦想实现得精彩的原因是什么？李子柒的经历给您带来什么样的启示？由此，您打算为实现梦想而做哪些准备？请理一理吧。

精彩原因：________________________________

____

____

有所启示：________________________________

____

____

梦想准备：________________________________

____

____

四、南瓜在池塘

（一）生涯事件

据一位班主任说，几年前，他的班级转来一名双耳失聪、口齿不清的男生宇杰（化名），他只能依靠助听器听到一点点声音。宇杰对烹饪特别感兴趣，长大后他开了一家餐厅，成了一名厨师。做生意特别成功的父母，却不同意宇杰做厨师，希望宇杰能出国留学，做一番事业。

宇杰经常和班主任“谈人生”，不时会流露出自己对烹饪的兴趣以及所承受的成长压力。班主任觉得，宇杰因为生理原因，学习文化课特别吃力，而且学习效果也不理想，走传统的高考路，不如学习感兴趣的烹饪技能,但宇杰的家长并未采纳孩子班主任的建议。

直到有一天，宇杰生气了，偷偷地溜上了教学楼楼顶的天台，独自待着。班主任去找他，他倾诉了自己的苦闷。后来，班主任非常严肃地和宇杰父母谈了宇杰的痛苦、梦想和未来，宇杰父母终于同意他退学。在办理完退学手续后，宇杰一脸灿烂地拥抱班主任，并说：“谢谢你解救了我！”

后来，宇杰开了一家茶餐厅，非常高兴地对他曾经的班主任说，他可以养活自己了……

（二）生涯感悟

当代著名作家林清玄曾说：“世界上每个孩子都是不一样的，就像种植物一样，山坡地种竹笋、香蕉，沙地种西瓜和哈密瓜，烂泥巴里种芋头，不同植物适合不同土地，不是只有一个样子的。这个世界的悲哀就是把所有不一样的小孩集合在一个校园里，希望教育成一样的样子，这是个大问题。”

林清玄还说，应根据孩子的特点来教育孩子，唤醒孩子内心的种子。在他心中，好孩子是已唤醒内心种子的孩子，他们认识到了自我；坏孩子还没有唤醒种子，没认识到自我，还浑浑噩噩地活着。参加过三次高考的林清玄，自认为算是唤醒了内心种子的人，因为在小学三年级的时候他就立志成为作家，从小学开始每天写 500 字文章，在中学每天写1000字，在高中每天写2000字，在大学每天写3000字，一直坚持下来，一生出版了百余本书。

或许，宇杰就是普普通通的南瓜，可以生长在沟渠边、山坡上、田地里，但一点也不适宜生长在池塘里。也就是说，每一个人都要找到自己适合的生长环境、生长方式及生长意义，不能一窝蜂地都朝向一个地方。比如，对于不喜欢烹饪的人来说，那种制作出一种色香味俱全的菜肴的喜悦，是根本体会不到的；相反，他们或许只能感受到呛人的油烟味。

显然，宇杰也算是唤醒了内心种子的人。他喜欢烹饪，能在烹饪中感受到无限的幸福。因此，宇杰才会不顾一切地追求自己的理想，踏踏实实地去做一名厨师，虽然很多人可能很难看重这个职业。但是，宇杰了解自己，所以义无反顾，甚至“以死相逼”。

宇杰的经历再次告诉我们：兴趣没有贵贱，职业没有贵贱；兴趣与兴趣的区别，职业与职业的区别，主要在于个体喜爱的程度。也就是说，对于兴趣和职业，我们千万不可有从众心理，大家都去做直播了，我也做直播；大家都去考公务员了，我也去考公务员；大家都去自主创业了，我也去自主创业。

当下是讲个性的时代。但什么是“个性”？我认为，最大的个性，就是培养适合自己的兴趣，就是从事适合自己的职业，绝不在兴趣和职业方面人云亦云或随波逐流。就像本文中提到的宇杰，多数同龄人可能会对烹饪敬而远之，但宇杰却乐在其中，且坚持到底。

或许，在行动之前，我们都要问自己两个问题：你喜欢吗？你适合吗？

一句话，我们不能把自己变成了“种在池塘里的南瓜”。

（三）生涯素描

宇杰的家庭条件优渥，他本来可以按照父母的规划出国留学。但是，宇杰不仅没有那么做，还一直坚持着自己的“烹饪兴趣”，走一条自己为自己设计的路。您认为宇杰的选择是否靠谱？宇杰的经历给您带来哪些启示呢？由此，您认为要为未来的发展做哪些准备呢？请理一理吧。

是否靠谱：____

____

____

有所启示：____

____

____

未来准备：____

____

____

五、快递与诗词

（一）生涯事件

2018 年 4 月 4 日，杭州快递小哥雷海为凭借超强实力夺得第三季《中国诗词大会》节目总决赛冠军；与他争夺冠军的是北大的文学硕士。主持人董卿说：“所有在场的选手都情难自禁地站起来为他鼓掌，因为从他的身上映射出了我们自己的成长和发展，再平凡的生命，都有权利去追求那不平凡的光芒，加油！”

夺冠后，雷海为收到了很多工作邀约，其中北京一家文化旅游公司邀请他成为公司的形象代言人，年薪是百万元，合同期是一年。虽然过去生活窘迫，但是雷海为很清楚自己喜欢的、想要的是什么。最后，他放弃了百万元年薪的邀约，选择到培训机构做一名培训老师，因为这份工作，主要和诗词有关。

（二）生涯感悟

雷海为出生在湖南的一个农民家庭。在他很小的时候，父亲就开始督促他背诵诗词，把写着各种诗词的字条贴满了厨房的墙壁。就这样，雷海为学会了《春晓》《静夜思》等“入门级”诗词。雷海为觉得，这些诗尽管简约，却很有韵味，非常适合背诵。

父亲的启蒙，在雷海为的心中埋下了一颗种子。

“山外青山楼外楼，西湖歌舞几时休？暖风熏得游人醉，直把杭州作汴州。”这首南宋诗人林升的《题临安邸》，雷海为早就会背诵了。在结束上海的打工生活后，雷海为来到了杭州，就是因为这一首诗。或许，雷海为也没有想到，对诗词的执着改变了他的人生。

在外打工的日子，雷海为收入有限，虽然非常喜爱阅读书籍，也无法全部买下来。但经济的限制并没有阻挡雷海为学习诗词的热情。在书店他把诗歌背下来，回家后再把诗词默写下来，如果忘记了某些字词，他就再去书店校对一遍。

经济拮据，那就在书店里背下来；工作忙，那就利用一切碎片化时间去读诗。“更难能可贵的是，在如此辛劳奔波同时也并不富裕的日子里，还能够有这样一颗爱诗的心。”主持人董卿也不由得对雷海为表达由衷的钦佩和赞许。

因为没有足够的钱买书，雷海为就去书店背诗；因为一首关于杭州的诗词，雷海为去杭州打工；因为要做和诗词有关的工作，雷海为拒绝了百万元年薪的邀约……由此可见，雷海为在无形中早已将生活与诗歌融合在一起，这才是真正的热爱诗歌。

如今，雷海为已经记诵了近两千首诗词，是《唐诗三百首》近七倍；雷海为并不比别人聪明多少，记诵一首诗词所用的时间也不见得比别人少；雷海为是名快递小哥，工作很繁忙。但我们不能忽略的一个事实是，再丰富的文字都难以表现雷海为为了记诵诗词而付出的努力。这样的努力，不是一天两天，而是十年、二十年，或更久。

不管生活多么艰难，雷海为一直守护着自己的爱好。不管未来有多少诱惑，雷海为继续守护着自己的爱好。

或许，这就是雷海为告诉我们的，对爱好应有的“端正”态度吧。

（三）生涯素描

作为快递小哥，雷海为的生存是不易的；但是，在生存不易的窘况下，雷海为依然想方设法爱着诗歌。可见，实现梦想的过程可能不是一帆风顺的，但充满挑战的实现梦想的过程也别有一番趣味。您实现梦想的条件是什么？如今您遇到了哪些困难？您打算如何克服这些苦难？请理一理吧。

实现条件：____

____

____

所遇困难：____

____

____

克服办法：______________________________

____

____

六、从花甲起步

（一）生涯事件

著名国画艺术大师齐白石画虾一绝，但以前画虾主要是摹古。

齐白石 57 岁那年的一天，他从木柜里取出一幅虾的画，看着看着，不禁自言自语地说："这是按照古代画家画虾的方法画的呀，像死的一样……"他越看越不满意，就叫家人买来几只活的长臂虾，把它们养在大水盂里。

他每天对虾进行观察、写生。有时用笔杆碰一碰虾须，虾"腾"地跳了起来，他就看虾跳跃时的各种姿势，并立刻把这个姿态画下来。就这样看了画，画了看，天长日久，他所画的虾像活的一样，身体有透明感，虾须似乎一碰就会动起来。

62 岁时，齐白石依然还是侧重追求外形，但其水平已超过古人；66 岁时，齐白石画虾产生了一个飞跃，虾的身躯已有质感，头、胸部前端有坚硬感；68 岁时，齐白石在虾的头、胸部分的淡墨上加了一笔浓墨，不但加重了虾的重量，而且也表现出了白虾的躯干透明，画虾已达到神形兼备；70 岁后又有意删除不损害虾的真实性的腿；78 岁时画的虾后腿就只有 5 只；80 岁以后画的虾，才真正达到炉火纯青的地步：那精确的体态，富有弹力的透明体，在水中浮游的动势……可以说，艺术造型的"形""质""动"三个要素都臻于完美的境界。

（二）生涯感悟

齐白石少年时代就对虾产生浓厚的兴趣，经常到溪流里观察这种让人喜爱的小生物，用棉花为诱饵钓虾，并作一些“虾”画。57岁时，齐白石曾说：“余作画数十年，未称己意。从此决定大变，不欲人知；即饿死京华，公等勿怜，乃余或可自问快心时也。”

这几句斩钉截铁的话，可以说是齐白石不怕否定自己、敢于创新的艺术宣言。于是，我们看到齐白石从57岁到80岁的突破与升华，看到了纸上“活着的”虾，看到了一个不断追求极致的自我实现的过程。

一方面，齐白石在57岁时感受到画虾的不足，并开始尝试改变。57岁，对于很多人来说，已经到了“退休”的年龄，不仅是工作上的退休，还包括追求上的退休，懒得再“费脑伤神”了，仿佛“看透一切”。实际上，只要有梦想，什么时间开始都不晚。或者说，梦想和年龄的关系并不大。

另一方面，艺术的升华没有终点，一直要不断地创新。齐白石从小时候就开始画虾，但是57岁之前一直在仿古，之后不断追求虾的“形”“质”“动”三个方面的效果，一直到自己满意为止。我相信，80岁以后的齐白石依然在尝试创新，只不过没有更大创新而已。从这个角度来说，在我们追求梦想时，也可以像这样不断去追求创新。

能一辈子追梦的人，是幸福的；能一辈子不断推动梦想前进的，也是幸福的。齐白石就是这样幸福的人。

（三）生涯素描

齐白石在57岁时还尝试着突破、创新，最终让画虾成为一绝。这伟大的艺术效果呈现的背后，是从孩提时代到耄耋老人的坚守，是每天观察长臂虾的专注，是一辈子对绘画艺术的热爱。那么，我们对梦想是否有这样的坚守、专注和热爱呢？请通过你的经历来分析，探究我们对兴趣的坚守、专注、热爱。

经历概况：____

____

____

内心感受：____

____

____

他人评价：____

____

____

七、浪子终回头

（一）生涯事件

唐朝著名诗人陈子昂在十七八岁时仍然不知读书。因为出身富家，他整天打架斗殴，斗鸡遛狗，游手好闲。进入乡校后，忽然悔悟，从此谢绝酒肉朋友，在位于家乡梓州东南部的金华山道观中，静心阅读古代典籍。“数年之间，经史百家，罔不该览”①。

① 吴因易．唐之诗祖——陈子昂传[M]．北京：作家出版社，2018.

后来，陈子昂成了让初唐诗坛从浮艳习气转向健康诗风的重要诗人，并写出千古绝句："前不见古人，后不见来者；念天地之悠悠，独怆然而涕下！"韩愈曾写诗赞其才："国朝盛文章，子昂始高蹈。"

（二）生涯感悟

曾经我的一个高中学生小李（化名），在刚入高一不久就因为一些行为受到学校的处分。因为大错小错不断，小李经常被学校主管德育的主任批评教育。为此，小李记恨在心，并常常故意不听那位主任的劝说。

因为玩手机等问题，小李的处分很快升级，已经到了被"劝退"的地步。经过小李家长的反复请求，小李的多次"劝退"危机都被化解。后来，小李因为数学老师的批评，竟然在课堂上和老师争执，造成不良影响。

再后来，小李转学到另外一所学校，不知情况如何。几年后，小李主动来到学校看望老师，并给那位当年劝说他很多次的主任诚恳道歉。小李的诚恳打动了主任，后来主任一见到相关老师，就忍不住感叹一番：小李对我说，想一想自己过去确实很浑蛋，他要感谢老师们的教导。

由以上两个例子可以看出，人的一生可能会经历一些弯路，有些弯路不会对人生造成太多困难，有些弯路可能会对人生造成无法挽回的损失。此外，随着人生阅历的增加，我们会明白更多的人生道理，有意无意中就会自觉审视过去的经历，从而纠正一些错误观念，停止一些错误言行，并总结出更多人生智慧。

正因如此，陈子昂开始静心读书了，小李主动来学校道歉及表示感谢了。

在本书中，我为什么设置这样一节内容呢？

其实，这本书所呈现的“道理”，多半是作为教育者和过来人的“建议”。我也是从青少年时期成长过来的，我知道我们在面对别人的“道理”和“建议”时，可能会持有封闭和抵触的心态。但客观地说，这些“道理”和“建议”还是值得思考一下的。向别人学习别人已经走过的弯路，我们就少走一点弯路。这是设计这一节内容的意义。当然，有些道理仅仅从字面上理解是远远不够的，还需要通过一些真实的经历才能真正明白。因此，设计这一节的内容，就是希望大家想一想以往有没有这样的经历，然后在对待他人的建议时，能够深入分析一番，而不是全盘否定或全部采纳。

有一则笑话是这样写的：一个饿汉买大饼吃，吃了一个没有饱，吃了第二个没有饱，于是吃了第三个、第四个、第五个、第六个，直到吃完第七个才感觉饱了。他拍着肚子说，早知道吃第七个大饼就能吃饱，就不吃前面六个了。

诺贝尔经济学奖得主哈耶克曾提出“积累进步”的思想。在哈耶克看来，进步应当具有连续性，而连续性是要靠积累才能获得的。因此，即便是弯路，也是人生之路的一部分。依我看，我们每个人还是有必要走一些弯路的，否则对人生的理解，可能就不那么深刻、真实。有些事情只有经历了，才能真正明白，别人替代不了。但是，让人担忧的是，我们的弯路会不会造成一些无法挽回的损失；走了弯路后，我们是不是并没有变得更加智慧。如果是这样的结果，则不是我希望看到的。

因此，我建议大家，在按照自己的规划前行时，一段时间后就回头看一看走过的路。一方面自觉审视，看一看要不要修正；另一方面听一听别人的建议，看一看有没有更好的前行方式。也就是说，一方面要注重自觉审视，另一方面要注重听取建议。在人生的关键时刻，承认自己的不足是需要勇气的，而不要太盲目自大。

（三）生涯素描

错误有时比正确更能给我们带来深刻的认知和处世的智慧，是当之无愧的成长宝藏。在过去的岁月中，我们是否做错过什么事情？我们吸取的教训是什么？别人给予了我们哪些建议？这件事情给我们带来了怎样的启示？请理一理吧。

事情概况：________________________________

____

____

吸取教训：________________________________

____

____

他人建议：________________________________

____

____

未来启示：________________________________

____

____

八、我的教育路

（一）生涯事件

2005年年底，一位就读大四的师范生开始投递简历、参加应聘，到处找工作。

让人惊奇的是，无数次应聘的结果都是相同的：未被录取，遭到单位拒绝。

那一年的春节，他又羞又愧，怕得要命；如果有办法，他都不想回家过年。

直到2006年3月，老家县城的一所刚创办不久的公办民助学校决定聘用他，他几乎想都没想就签订了聘用合同。有个单位，是他的梦想；他终于实现了梦想，终于对自己、家人都有了一个交代。这个单位“救”了他。

2010年，在工作的第四个年头，他率先出版了国内第一本谈教师说话的专著，并获得了稿酬；2011年、2012年、2013年，他出版了第二本、第三本、第四本教育专著，同样都获得了不菲的稿酬；2015年6月，年仅31岁的他，被评为深圳市首届名班主任工作室主持人，成为四位高中班主任之一，同时是最年轻的一位。

如今，有不少学校都欢迎他加盟……

（二）生涯感悟

人生的成长分两种：一种是从优秀走向优秀；一种是从平庸走向优秀。前者，需要努力，但是相对顺畅；后者，需要加倍努力，且颇多险阻。幸，是成长的智慧；不幸，是成长的资源。例子中的这位教师是后者。

他做教师的潜质不仅算不上优秀，甚至都算不上合格。

以讲话为例，他是一位特别蹩脚的讲演者，每当在公开场合面对一群人讲话时就会脸红、脖子粗、两腿直哆嗦；大学期间及找工作初期凡是需通过讲话而竞聘的岗位，几乎从未成功过；在大学入党时，还因为说话磕磕绊绊而被系党支部书记误认为态度不够端正……

那么，他为什么能率先出版了国内第一本谈教师说话的专著呢？

因为自认不太会讲话，所以每次讲话他都会用心提前“备课”。大家都用写教案的方式备过课堂教学的课，可能很少用写教案的方式备过班主任说话的课。而他，就是这么一步步做过来的。第一次见学生时，班主任肯定要讲话，那就写一份“见面说话稿”，然后背诵熟练，事后还会认真写反思……用写教案的方式准备每一次的说话稿，这不仅提升了他的讲话水平，还让他积攒了大量的素材。后来，他简单将这些素材整理后，就变成了书的初稿。

这个人，就是我。

所以，我可以很自信地说，即便是“笨法”，如果持之以恒地做出来，也会有结果。但做一次容易，做两次容易，做很多次，主动远离了敷衍和慵懒，那就需要坚持。但凡需要长期坚持的事情，就涉及当事人的选择了，选择坚持，还是选择放弃；选择用心，还是选择敷衍；选择行动，还是选择静止；选择追求优秀，还是选择甘于平庸。

比如，记诵一些古诗词，对提高一个人的文化修养特别重要；记诵古诗词的方法，不外乎多读、多背、多理解的笨方法。正因如此，很多人所能记诵的古诗词都屈指可数。也就是说，很多时候，我们不是要问自己能不能成为优秀的学生，而是要问自己愿不愿意做优秀的学生，或者按照优秀学生的行为方式来行动。

由此可见，在成长的道路上，我们不要嫉妒他人的优秀，也不要抱怨自己的平庸，因为那都是选择的结果。选择了优秀，我们就走在追求优秀的路上。有人说，上帝最伟大的地方在于，他公平地给予了每个人生命，却没把优秀的权利交给每个人。没有谁天生就优秀，也没有谁天生就平庸，因为优秀是一种自我选择。

（三）生涯素描

在此之前，是否有某件事情，是您选择按照“优秀”的方式来做的？即便是给父母捏捏肩、捶捶背或者主动认真听一节课、做一次作业等这样的“小事”。在做这些事情的时候，您的初衷是什么？您当时的表现是什么？您当时的感受是什么？想一想，在未来的岁月里，如果您都能以这样的方式来面对自认为重要的事情，那会不会出现不一样的结果呢？请按照下面的方式理一理吧。

事情概况：____

____

____

行动初衷：____

____

____

现场表现：____

____

____

当时感受：____

____

____

未来启示：____

____

____

第九章　理想的生涯怕什么？

一、北斗七星

（一）生涯事件

比塞尔是西撒哈拉沙漠中的一颗明珠，每年都有数以万计的旅游者来到这里。可在1926年英国皇家学院院士肯·莱文发现它之前，它还是一个封闭而落后的区域。据说，这里祖祖辈辈没有一个人走出过大漠，不是他们不愿离开这里，而是尝试过很多次都没有成功。

实际上，肯·莱文知道从这里走出沙漠只用三天时间。肯·莱文想不明白当地人走不出去的原因，于是雇用了一个叫阿古特儿的当地人让他带路，同时收起指南针等现代设备。走了十天，他们果然绕了一个大圈子回到了原地。由此，肯·莱文分析他们走不出去的原因：比塞尔村处在浩瀚的沙漠中间，方圆上千公里没有参照物，若不认识北斗星又没有指南针，想走出沙漠，确实是不可能的。

肯·莱文告诉阿古特儿，你白天休息，晚上朝着那七颗星星的方向一直走，就能走出去。后来，阿古特儿就成了那里第一个走出沙漠的比塞尔人。如今那里成了旅游胜地，也树立着一座阿古特儿的铜像，铜像的底座上刻着一行字：新生活是从选定方向开始的。

（二）生涯感悟

上学时，我们过着“两点一线”的生活，从家到学校，从学校回家；工作时，我们也过着“两点一线”的生活，从家到单位，从单位回家。其实，这种看似单调的状态，表明了我们有一个行走的方向，知道要去哪里，要回哪里。

人生亦是如此。

我是谁？我从哪里来？我要到哪里去？这三个无比古老的问题，时时刻刻都在提醒我们：人啊，要知道方向。没有明确的方向，会导致什么结果呢？比塞尔人那么久都未能走出沙漠，就是找不到离开沙漠的方向。如果比塞尔人能早点认识到“北斗七星”的作用，那么他们早就可以看到沙漠外的精彩世界了。

对于爱情，我们要有一颗“北斗七星”，这样我们才知道爱的人长什么样，才能敏锐地发现“对的人”；对于家庭，我们要有一颗“北斗七星”，这样我们才能时时、处处想着如何营造一个更温暖的家庭；对于事业，我们要有一颗“北斗七星”，这样才能不断地有新的探索，让工作更有趣味。真正的人生之旅，是从找到一颗颗“北斗七星”开始的，因为这样的人生才不会在原地绕圈子，才会经历更多崭新的精彩。

那么，“北斗七星”是什么？

事实上，一颗颗“北斗七星”，就像一个个“小目标”，一步步引导着我们走向更多幸福和精彩。这样说，大家可能觉得很虚幻，其实很实在。比如，我们的“小目标”可以是明天的早餐，是选择豆浆、油条、烧饼还是牛奶、面包……我们自己要想好，做好选择，吃起来才香；如果碰到什么吃什么，当然就吃不出这种香味来。

人生啊，就是要有这样的“香味”，从开始想吃，甚至都快流口水了；然后经过一番努力（亲自去做或者前去购买），终于吃到了；最后心中想象的香味与实际吃到的香味融合在一起，一种难得的满足感油然而生。

人这一生，要走进家庭、爱情、事业等领域，每一个领域对我们都至关重要，有时真的难以做到舍弃什么。为此，我们要不断为每一个领域树立一个“小目标”，完成这个小目标，就再树立一个小目标。

“小目标”的设立，主要帮助我们解决想做什么的问题，让我们不至于做无头苍蝇。但至于我们能做什么，则需要依据实际能力科学地去判断，不能给自己太多压力。比如，就居住条件来说，大多像我这样的老师，都是清贫之人；所以，就不太适合设立住上别墅的家庭“小目标”。也就是说，我们要清楚自己想做什么，也要知道自己能做什么，既要积极向上，又要消除贪欲。

（三）生涯素描

北斗七星，是让阿古特儿走出沙漠的“指南针”。您有自己的“北斗七星”吗？仰望这些“北斗七星”，您的心底有什么感受？触摸这些“北斗七星”需要哪些关键能力？您计划如何提升这些能力？请按照下面的方式理一理吧。

北斗七星：____

心底感受：____

____

____

关键能力：____

____

____

提升计划：____

____

____

二、懒到饿死

（一）生涯事件

据大河网2010年8月5日报道，某地一位23岁神智正常的小伙子，居然活活饿死在自己家里。“那么大的人了，你给他饭吃，他都想让你直接喂到他的嘴里。”当地一位曾经帮助过这位小伙子的村民无奈地说。

在其母亲去世没多久，小伙子便卖光了家里所有值钱的东西，最后又到村里各家讨饭吃。同村人说小伙子从来不洗衣服，穿脏了就扔掉，再换一件；村里人给他的肉、菜，他都挂在屋檐上，就算放臭也不做来吃；吃到一顿饱饭后，他就一直睡，有时能睡一两天，直到饿得不行的时候，再出门讨饭吃；天冷的时候，他懒得出门，把家里能烧的东西都烧了，就连床也被他烧了，天天睡在地上。

“还真没见过那么懒的孩子。”他的堂兄对记者说，“他是我们堂兄弟八个当中长得最英俊、最聪明的，也是最懒的。”堂兄在镇上一个建筑队干活，就让小伙子跟着一起去干活，可他到了工地后，说太热了，怎么也不肯干，就自己跑回家。村里人把他介绍到县城酒店去当服务员，他去了之后什么都不干，还让别人伺候他，最后被送回来了。

2009年12月，这位23岁的小伙子，在漫天飞雪中死去……

（二）生涯感悟

有人曾说，懒惰等于将一个人活埋。新闻中的小伙子就被懒惰活埋了。

当然，这是一个非常极端的例子，绝大多数人不会懒惰到被饿死。不过，不可否认的是，“好吃懒做”的现象普遍存在。事实上，期待“钱多事少离家近”是人之常情，但“以慵懒自居”的工作态度确实不够端正。也就是说，我们找到了自己喜爱的工作，要想做得精彩，还需要勤奋的行动。只有勤奋行动起来，一切才有生机，生命如此，事业亦如此。

流行词“996”入选《咬文嚼字》2019年十大流行语。所谓“996”，是指工作日早9点上班，晚上9点下班，中午和傍晚各休息1小时，每天总计工作10小时以上，并且一周6天的工作制度。

阿里巴巴创始人马云说“‘996’是修来的福报”，严重刺激了打工族的心。有人说，“996”公然违背劳动法，是资本家榨取劳动者剩余价值的伎俩。《人民日报》对此专门撰写评论《崇尚奋斗，不等于强制996》以回应此事：人们对美好生活的诉求不再是温饱时期的拼命工作赚钱，而是需要在工作之余获得更多价值，比如发现兴趣、陪伴家人、寻找意义；崇尚奋斗、崇尚劳动不等于强制加班，单位不能给反对996的员工贴上“混日子”“不奋斗”“没梦想”的道德标签。

因为所谈引起争议，马云此后也做出解释：重申“996”工作制是他所倡导的阿里巴巴员工精神；找到喜欢的事情，不存在“996”这个问题，喜欢的话，干多少都不嫌累；真正的996不是简单的加班，不是单调的体力活；他洗澡的时候思考工作，上厕所的时候也可以，跑步健身的时候也可以，从未停止过工作。如果像他这样，热爱自己的工作，对所做的事情充满热情，每天工作10小时，甚至15小时都是很轻松的；如果你不喜欢自己的工作，就算每天只工作两个小时，你也会觉得糟糕透了。

我的理解是，马云主要表达了两点：一是“热爱自己的工作很重要”，二是“勤奋才能做出出色的成绩”。作为创业领域的过来人，马云肯定经历过太多像“996”的日子，才取得了今天的成绩，体会到创业的不易和生存的艰辛，所以想鼓励年轻人更勤奋一些，没有比别人付出更多努力，怎么可能比别人做得更好。

是的，每一步前行都需要勤奋；越是走向幸福和事业的巅峰，越是需要勤奋。这不是鸡汤，而是现实的写照，因为每一位奋斗过的人身后，都会留下一串串深深的脚印。作为一名平凡的人，我们凭什么比别人更幸福、更精彩呢？我们所能依靠的就是勤奋。正所谓幸福是奋斗出来的。越是懂得幸福和精彩价值的人，越会小心翼翼地奋斗。

（三）生涯素描

您在做喜欢的事情的时候，是否能进入“996”的状态？您能想象得到这种状态会给您带来怎样的身心体验吗？您追求随遇而安、不想奋斗改善的人生吗？或者说您觉得有必要通过奋斗来让自己更幸福和更精彩吗？请按照下面的方式理一理吧。

“996”经历：______________________

身心体验：______________________

____

____

人生追求：______________________

____

____

三、蜻蜓点水

（一）生涯事件

有这样一个古代故事。

某富人有个儿子，儿子年纪不小了，但还不识字。于是富人给儿子聘请了一个老师。老师从最简单的开始教："一"字是一画，"二"字是二画，"三"字是三画。儿子乐坏了，把笔一扔，说："爹，我已经了解造字方法了，会写字了，不用老师教了！"

富人大喜，辞去老师。一日，富人想请一个姓万的朋友来喝酒，让儿子代写请帖。从清晨等到中午，富人还不见写成，便去找儿子，只见儿子一边奋笔疾书，一边骂骂咧咧："半天才写了五百画！姓什么不好，偏偏姓万！"

被誉为"千古第一完人"的晚清名臣曾国藩，有一天深夜在家中背一篇文章，但怎么也背不下来。此时他家的房梁上有个小偷，就等曾国藩背完书睡去后准备偷东西。结果几个时辰过去，小偷也睡了好几觉，曾国藩还是只背到了开头。房梁上的小偷忍无可忍，一下子跳下来，在曾国藩面前一口气背完了整篇文章，随后扬长而去。曾国藩虽然愚笨，但正是这种愚笨让他锻炼成了下笨功夫的性格，做事不做好这一件，也坚决不做下一件。这种做学问的笨功夫成就了他的人生。而那些自以为聪明的人，不屑于这种笨功夫，却少了很多踏实。

（二）生涯感悟

据杨绛回忆，钱锺书在撰写《围城》时，每天最多写 500 字，写完之后反反复复揣摩，再拿给杨绛看，前前后后写了两年多才把《围城》写完。难怪钱锺书在序言里说，这本书是通过"锱铢积累"

的方式完成的。我们不难想象，钱锺书每一天写出500字后，可能坐在书桌旁重读，可能走在客厅里推敲，可能在吃饭时想到一个好词好句，可能在睡觉时冒出一个灵感……于是，钱锺书几乎把标点符号都修改到完美的程度。

试想一下，钱锺书是大师级人物，对待作品都是这样小心翼翼；换作我们，如果要写一篇文章，又该如何小心谨慎呢？谁也不见得比谁聪明，曾国藩用的是笨功夫，钱锺书用的也是笨功夫，慢工出细活，细活出精品。由此可见，就做学问来说，蜻蜓点水肯定是不行的。

因此，在找到喜欢的工作后，我们需要静下心来，深深地“沉”入工作中，玩味它、探索它、实践它、研究它，反反复复，日日夜夜，以求得能深入一点，切不可有走捷径的念头。如此，我们才可能在深入的基础上挖出一些宝藏来，得到一些过硬的见识来，才能有所为、有所成，不至于在工作上停留半生，依然在表面徘徊。

（三）生涯素描

您觉得您对哪一方面（学科、运动、游戏等皆可）有比较深入的研究？在此之前，您对它是什么看法？在此之后，您对它又是什么看法？两者的显著区别是什么？您为什么要深入研究它？这又给您带来哪些启示？请按照下面的方式理一理吧。

研究领域：______________________________

前期看法：______________________________

____

____

后期看法：______________________________

____

____

显著区别：______________________________________

____

____

研究原因：______________________________________

____

____

研究启示：______________________________________

____

____

四、天之亡我

（一）生涯事件

蒲松龄19岁应童子试，接连考取县、府、道三个第一，名震一时，但以后屡试不第，直至71岁时才成岁贡生。因家境贫困为生活所迫，蒲松龄除做幕宾数年之外，还做私塾教师、深耕笔耘近42年——蒲松龄创作的文言文短篇小说集《聊斋志异》，成为世界文学瑰宝。鲁迅在《中国小说史略》中说《聊斋志异》是“专集之最有名者”。郭沫若为蒲松龄故居题联，赞蒲氏著作“写鬼写妖高人一等，刺贪刺虐入木三分”。

蒲松龄为什么能写出这样独树一帜的小说？

蒲松龄虽家境贫寒，常年在底层社会生活，但依然积极向上；蒲松龄屡试不第，对人生、社会多有深刻感悟，却从未放弃。虽然生活窘迫，但蒲松龄没有破罐子破摔，而是听到别人说什么稀奇的事，都尽心收集起来写小说，一直在想象，一直在构思，一直在创作。

（二）生涯感悟

垓下一战后，项羽没有过乌江，而是说了一句非常悲壮的话："天之亡我，我何渡为！"我们在被项羽的英雄主义所感染的同时，不妨想一想项羽说的话。按照项羽的说法，他之所以会遭遇惨败，是因为天要亡他。这一刻，大英雄肯定也做了深刻反思，但不知是碍于情面，还是过于自信，他至死没有说自己的问题。

后世之人，也常有此表现，于是问天：老天爷呀，你为什么不能睁开眼呢？

人们常用"天时、地利、人和"等方面来阐述成事的条件。不可否认，做成一件事情，确实受很多方面因素的影响，单纯靠一个人的才智，常常做不到战无不胜。正所谓，智者千虑必有一失，更何况是你我这样的普通人呢？

然而，本文的重点并不在此。

也就是说，受才智所限，我们难免会做出一些错误判断，难免会走一些弯路，难免会遭遇很多磨难，有时甚至面临生存困境。从常理上来看，这些都是正常的。换言之，遇到困难是人生常态，人生不如意之事十有八九。

我想说的是，遇到困难之后呢？

蒲松龄有才没有才？当然有才。蒲松龄郁闷不郁闷？当然会郁闷。蒲松龄艰难不艰难？当然艰难。即便如此，蒲松龄也没有放弃创作。听到别人说了什么稀奇故事，他会充满热情地去询问，之后还会孜孜不倦地构思，最后将构思好的作品一字一句地写出来。

我们看到了什么？

一种面对困境时，真正需要的豁达、坚韧、自信，否则，生活都那么艰苦了，蒲松龄还写什么，早就把笔墨扔掉了。如果那样，我们也就读不到《聊斋志异》了，也就不会出现《聊斋志异》这样被翻译为英、法、德、捷克等18种文字的世界名著了，当然也就没有了160种以《聊斋志异》故事为内容编写的戏剧、电影、电视剧了。

我们常常被成长于砂砾中的小草感动，认为它们顽强、坚韧，充满旺盛的生命力。其实，人类也应这样顽强、坚韧，充满旺盛的生命力。不能说人人喜爱坎坷、欢迎坎坷，但坎坷确实不应成为我们停止脚步的主要原因。

事实上，类似于“天之亡我”这样的原因，多是外在的不可控的因素，但是我们的勤奋、钻研和开放却是自己可以控制的。在分析一件事情的成败时，我们当然要考虑外在的不可控因素，但也要考虑内在的可控因素，然后通过改变可控因素让我们的行动更科学、合理。这是我们能做的事情，也是我们该做的事情。

不可否认的是，这个过程是极具考验的。

比如，毕业之后打拼在一线城市，我们可能租住在低矮、狭小、潮湿的房间里，没有多余的财物，没有充足的时间，没有强力的支持，每天早上急急忙忙地上班，晚上疲惫不堪地下班……在如此窘困的条件下，再去谈梦想，是不是很可笑？

我的回答是，这不仅不可笑，而且还要颇以为傲。

实现梦想的路径绝不是一条。比如，人家用上万元的电脑写作，我用两千元的电脑同样可以写作。只要我有一颗热爱写作的心，用什么电脑却不是什么重要的因素。之前我们提到的获得2018年中国诗词大会冠军的快递小哥雷海为，他非常喜欢诗歌，但是却没有足够的钱买那些书籍，于是就到书店里去背书，然后回家后再默写出来；在记不住的时候，雷海为还会再次到书店去核实。没有条件，我们可以创造条件；无论如何，就是不能停步。

所有那些在逆境中走过来的人们，不都是这样过来的吗？

（三）生涯素描

在您的人生中，是否有一段坎坷经历？在面对这样的坎坷经历时，您分析到哪些外部不可控因素？哪些内部可控因素？当时的您认为起决定作用的因素是什么？当时的您觉得后果有多严重？现在回过头来看，您认为起决定作用的因素是什么？您还认为后果那么严重吗？这又给您带来哪些启示？请按照下面的方式理一理吧。

经历概况：____

____

外部因素：____

____

内部因素：____

____

决定因素：____

____

严重后果：____

____

眼下看法：____

____

新的启示：____

____

五、舍得之间

（一）生涯事件

2020 年，张桂梅校长被教育部授予“全国优秀教师”称号，被中共中央授予“全国优秀共产党员”称号，被中宣部授予“时代楷模”称号。此外，张桂梅校长先后荣获“全国先进工作者”“全国十佳师德标兵”“中国十大女杰”“全国精神文明十佳人物”“全国五一劳动奖章”“全国十佳知识女性”“中国十大教育年度人物”“全国百名优秀母亲”“全国最美乡村教师”“全国优秀教师”“全国三八红旗手”“全国教书育人楷模”等称号。

张桂梅校长是云南省丽江市华坪女子高级中学校长。华坪女子高级中学创建于 2008 年，是全国第一所针对贫困山区家庭困难女孩的全免费女子高中，坚持为就读的女生免除一切费用，先后让 1600 多名贫困家庭女生圆梦大学。

张桂梅校长坚守滇西贫困地区 40 多年，放弃了优越的工作条件，毅然投身贫困山区教育扶贫主战场，攻坚克难，执着奋斗，为当地教育发展和脱贫攻坚作出了重要贡献，深受师生和群众爱戴。在这 40 多年间，张桂梅校长吃尽了苦头，也受尽了屈辱。有一次，张桂梅校长募捐时，不仅被认为是骗子，还被吐了口水。

此外，张桂梅校长长期拖着病体忘我工作，将自己的工资、所获奖金和社会捐助诊疗费等 100 多万元全部用于兴教办学，在与时间赛跑和病魔抗争中，以实际行动兑现着自己“只要还有一口气，就要站在讲台上”的诺言。

张桂梅校长为了华坪女高的发展，默默奉献着、承受着。

（二）生涯感悟

张桂梅校长的选择，让很多人看不懂。

人们不明白，张桂梅校长为什么要走这一条如此艰难的路。

我们能感觉到的是，柔弱的张桂梅校长心中有一个坚强的梦想，那就是让更多贫困家庭女生走上求学路，而不是在本该求学的年龄早早地嫁人、生子，进入一个看不见改变希望的黑暗隧道中。为此，张桂梅校长艰难地创办了华坪女子高级中学，举起了贫苦山区女子接受教育的大旗。

张桂梅校长得到的回报是，更多的贫困山区女生读了大学，收获了整个办学过程中的学生的感动、乡亲的感动、同事的感动及全国人民的感动。张桂梅校长舍去的是自由的时间、轻松的工作、优越的生活、丰厚的待遇，甚至是健康的身体……作为一位平凡的女性，张桂梅校长确实做了一番不平凡的事业。

在舍与得之间，或许并没有对错之分，彰显的是在意与选择。

张桂梅校长在意的是通过教育改变贫困山区女生的命运，所以她坚定地跨越艰难险阻去创办一所女子高中，过一种时时处处都要奋斗的生活，这是她的选择。张桂梅校长做出这样的选择后，十二年如一日地与女生们同吃同住，一直朝着初时规划的方向努力，无怨无悔。

此刻，我们不需要给张桂梅校长戴上一顶高高在上的道德帽子。我们看她苦——张桂梅校长当然苦，但是她在内心深处肯定体验到梦想实现后的喜悦和欣慰。人生或许就是这么单纯，在意什么，就选择什么，然后坚定地走下去，一路体会其中的苦与乐。

我们必须看到的是，张桂梅校长在舍与得面前的坚定。我们不能简单地说因为张桂梅校长道德高尚，所以就能走这条艰难的路。

实际情况是，张桂梅校长在做出选择之前，就已经能感知到她的“舍”，至于她的“得”，那时还是水中月、镜中花。一路走来，艰难无限，辛苦无比，她却毫不动摇，而是勇往直前。这就是坚定，这就是张桂梅校长的伟大之处。

显然，如果在舍与得之间有过多地顾虑，那么就很容易打退堂鼓，不可能做到这么坚定的。遇到难处，就想着失去太多，不免要退缩，这是你我般常人的致命弱点，于是人群中出现了太多朝令夕改、朝三暮四、改弦更张的人生。

当然，每个人有每个人的在意，我们不能要求所有人都做出同样的选择和坚定。但选择之后的坚定确实是我们迈过一道道坎的保障。当对“得”抱有太多欲望、对“舍”抱有太多依恋时，我们的坚定就会变得脆弱许多。因此，在选择之前，我们需要小心翼翼地思考“舍”与“得”，尽可能看清“舍”与“得”的真相，让未来的自己变得更加坚定。

（三）生涯素描

在您的经历中，是否有一件事情涉及选择与坚定、舍与得呢？请您全面细致地回忆这件事情的来龙去脉，深入分析您在这件事情中的选择、坚定、舍与得。同时请您想一想，这件事情对您的未来有哪些深远影响呢？

您的选择：______________________________

____

坚定表现：______________________________

____

舍：___________________________________

____

得：____

____

未来影响：____________________________________

____

六、身心曲线

（一）生涯事件

2009年一项覆盖了国内四个代表性城市的大样本调查发现，中国人群的年度心源性猝死率，每10万人中就有41.8例，以13亿人口来推算，中国每年心源性猝死的总人数为54.4万人。2016年中山大学发表的一项研究显示，在该校法医中心尸检的1000多宗心源性猝死病例中，主要的受害者均是中青年男性，老人的比例反而没有那么多。

（二）生涯感悟

生存不易。

工作不易。

得到精彩人生更不易。

随着年龄的增加，大部分人越来越能体会到生存和工作的不易，而要在生存和工作方面再相对精彩一点，那就更加难上加难了。和同事、朋友、家人聊天时，我们有一个共识，那就是一线城市的节奏太快了，随之而来的是大家的压力都很大——不管是有钱的人还是没钱的人，不管是领导还是普通职员，不管是能力强还是能力弱。每一个人都面临着特定的压力，甚至是别人无法想象的压力。

在这种情况下，我们看到了更多匆匆的步伐、疲惫的身躯和呆滞的表情，以及加不完的班、熬不完的夜和做不完的工作。久而久之，身心亚健康的人就多了，猝死的人也多了。到死时，仿佛一切才变得没有那么重要。然而，那时已经晚了。

有人说，身体是革命的本钱。

这确确实实是真理。

为此，我们既要向死而生，也要向阳而生。

为何要向死而生？生是偶然，死是必然。每个人都会走向死亡，但死亡的时刻却是未知的。对生涯有着清晰规划的人来说，每一天都是不同的，每一天都是有意义的。因此，我们不仅要倍加珍惜每一天的时间，同时还要照顾好自己的身体，让自己活得长一点、好一点。怎样才能照顾好自己的身体？我认为，必须把最基本的几条做好。比如，绝不熬夜，如果实在情况特殊，也不能连续长期熬夜；控制体重，可以胖一点，但是不能达到肥胖级别；减少坐的时间，坐满1小时，必须站起来活动几分钟；优化饮食，啤酒、高糖、高脂类食品等少摄入；增加运动，每天的步数要达到一万步以上……每一天都让自己拥有一个健康的身体，并充满活力。

为何要向阳而生？生存、工作本身带来的压力就很大。如果很不幸，再遇到可恶的领导、同事或客户，那么我们的压力就会成倍地增加，情绪也会变得特别糟糕。一般情况下，我们都不会在领导、同事、客户面前毫无顾忌地宣泄情绪。那怎么办？要想办法释放或调解这些不良情绪。一方面，要想开一点，不要用别人的错误来伤害自己，时刻保持内心世界的开放，让更多阳光照进来。另一方面，要找到一些释放情绪的适宜方法，比如做运动、听音乐、聊天等，让自己有一个开放的情绪出口。总而言之，我们既要有开放的思想，也要有开放的方法，既能让阳光照进来，也能让情绪排出去，最终保持一种健康的心态。

作为平常人，我们有时会忽视身心的健康。大多数人临近死亡才能幡然醒悟—— 身心健康多么重要。但那时一切都来不及了。从这个角度来说，我们对身心健康的呵护越早越好，越细致越好。千万不要以为自己年轻，就天不怕地不怕。正如本文开头所述，谁能想到刚刚还在舞台上活蹦乱跳的年轻演员，会突然倒地不起呢？

人的身心器官非常灵敏，在遭遇风险的时候，它们就会敏锐地给我们提醒，如出现头痛、失眠、胸闷、乏力、慵懒、呆滞、焦虑、悲伤、失望、消极等症状。我们可以根据自己对身心的感受情况绘制一条“身心曲线”，以便及时观察、记录、分析自己的身心健康情况，为寻找身心变化规律提供切实依据（见图 9-1）。

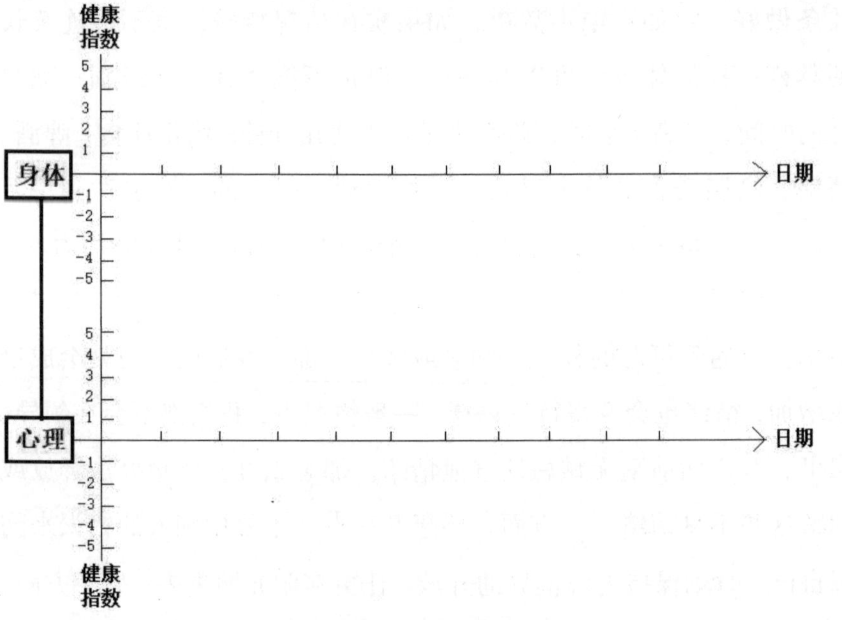

图 9-1　身心曲线

本“身体曲线”关注身、心两部分，指数峰值均为 5，可以按照一定周期来记录。具体指数的确定需要以个人平时感受为依据，比如某一天感觉身体特别好，可设为“5”，并将此作为确定后续指数的参考。在经过一段时间的记录后，我们就可以根据数据绘制出“身心变化曲线”，并可以以此分析自己的身心情况。

1. 正数比负数出现的频率高，说明身心基本上是健康的；反之，身心可能处于亚健康状态。健康的话，我们可以继续保持；亚健康的话，说明我们要重视呵护身心健康了。

2. 如果在一定周期内多次出现“5”和“–5”，说明身心处于不稳定或急剧变化状态，我们要找出造成这种变化的原因，并及时调节，以免过于劳累、冲动或情绪化。

3. 一般情况下，出现围绕横轴上下基本均等的“波浪线”，属于大多数人的正常现象，因为“人生本就苦乐参半”，大家不要过度解读负数所代表的意义。但是，如果多次出现“–5”，那么还是要注意的，可能遇到了某种严重困扰，需要果断处理了。

4. “身心曲线”的绘制需要一定的周期性，短时间的记录没有太大价值。一般建议至少以月为单位，连续记录 30 天的身心健康指数，然后根据“身心曲线”整体数据分析，发现其中的规律。当然，如果能长期坚持做，那就更好了。

需要强调的是，本“身心健康指数”主要基于个人的实际身心感受而确定，表面上属于定量数据，但每个人的感受是不一样的，两个人之间的数据是没有太多可比性的。从这个角度来说，“身心曲线”属于个性化、私人化产品，仅供个人调适身心参考。

生涯规划重视持续性发展，而持续性发展必须以健康的身心为基础，否则可能就会出现“出师未捷身先死，长使英雄泪满襟”的终生遗憾。因此，呵护身心健康，也是生涯规划的重要组成部分。

呵护身心健康，大家都懂得这个道理，但真正坚持做起来，并不容易，因为这是一个需要长期奋斗的过程。为了健康的身心，我们就踏实地加油干吧！

（三）生涯素描

请您以一个月为单位，每天记录自己的身心健康指数，然后绘制“身心曲线”，并由此分析其中的现象及制订调适计划。在记录时，请您尽量注意所确定健康指数的准确性，确保后续分析及计划能够产生切实价值。

具体现象：____

____

分析结果：____

____

调适计划：____

____

后记：此生为志趣而来

现在的智能手机太好用了，几乎到了无所不能的地步，睡前要看看，醒后要看看，使用时间更长，是可以理解的。我想，如果电信、移动、联通三大通信巨头完整统计一下人们使用手机的时间，那么这个数据也会有较大幅度的上升，而且平均使用时间估计会超过 7 小时。

不过，此刻我们可以问自己两个问题——

一是看电视、用手机的主要目的是什么？

二是如果不看电视、不用手机，还能做什么？

对于第一个问题，如果看电视、用手机的主要目的是获取信息、学习知识或调查研究需要，那么我们看电视、用手机就有了境界，不是为了看电视而看电视，不是为了用手机而用手机。当然，如果我们看电视、用手机除了常态的放松及消遣需要外，纯粹是为了打发时间，那么就需要好好思考第二个问题了。

如果不看电视、不用手机，美食、阅读、唱歌、弹琴、针织、绘画、写作、跳舞、书法、健身、园艺、雕刻、剪纸、戏剧、编程、摄影……我们喜欢做什么呢？其中某一项是否成了宅家生活的重要组成部分？

注意，我这里说的是“喜欢”。喜欢做的事，一般不会觉得枯燥；喜欢做的事，常常充满创意；喜欢做的事，总能带来惊喜。从这个角度来说，生活的多半乐趣，可能就在于做自己喜欢做的事情。工作需要乐趣，生活同样需要乐趣。

当然，我不是说我们不能看电视、不能用手机，而是除了看电视、用手机之外，还可以做点什么，让业余生活不至于那么单调乏味，同时给未来留下一点美好的记忆——不是只剩下一天到晚看电视、用手机的记忆。

记得新冠疫情防控期间，朋友圈的自制美食图片多了起来，很多人吃出了创意，就连馒头都做出了从未有过的花样。我觉得这是好事。人这一辈子，总要有点喜欢做的事。只是不知道这些做美食的人，是否能体会到其中的乐趣，以后还会继续找时间做些美食吗？

这个喜欢做的事，可以源自工作，可以服务生活，当然也可以自娱自乐。对于这些喜欢做的事情，我们的需求就是带劲、高兴、满足，不要管它是不是能挣钱，是不是能做出名堂。喜欢是出发点，也是归宿点。

依然记得新冠疫情宅家时，很多人意识到有件自己喜欢做的事情是多么重要。很多人快被憋疯了；也有很多人乐坏了。不管是憋疯了还是乐坏了，多半和是否拥有喜欢做的事情有关。有喜欢做的事情，自然不怕没事情做——可以变着花样做；没有喜欢做的事情，时间自然难熬——追剧也会追烦的。

因此，在正常生活中，我们就应和孩子们一起，找找喜欢做的事情！如果一家人都有了喜欢做的事情，那就明确下来，坚定下来；

如果没有，那就在家长的带领下多尝试，总归会有一两件是喜欢做的。当一家人都有自己喜欢做的事情时，每个人都面带微笑做着自己的事情，做事时互不打扰心境，吃饭时互相分享乐趣。这是多么温馨、和谐、共生的画面啊！这是生活兴趣。

有人说，孩子要学习呀。我想问的是，孩子每时每刻都在学习吗？即便是高三学子，也要考虑自己以后能否合理填报自己喜欢的专业吧。想一想孩子将来可能会做一辈子自己不喜欢的工作，你就知道找一个喜欢的专业有多重要。这是职业兴趣。

有人说，成年人要工作呀。是呀，哪位成年人不工作呢？工作之外呢？退休之后呢？难道人生只剩下工作了吗？难道未来只剩下“吃饱了等饿，到老了抱孙子”的期待了吗？退一步说，我们当然也可以喜欢自己的工作啊，正所谓“干一行，爱一行，做好一行”。

有自己喜欢做的事，可以称得上是现代人的标配。因为时代已经越过了单纯的物质生活追求，而进入追求精神生活的轨道了。一辈子匆匆而过，没有喜欢做的事情，可悲；没有喜欢做的事情，就很难做出成绩，可惜。从这个角度来说，人这一辈子，最好有两种乐趣，一种是“生活乐趣”，一种是“职业乐趣”。有了两种乐趣，人生就无比丰富多彩了。

为孩子找到喜欢的事情——也就是兴趣，是父母的重要教育责任，也是教师的重要教育工作。当有了自己喜欢做的事情后，孩子就会自动进入越来越努力、越来越自信、越来越幸福、越来越自律、越来越有成就感的成长轨道，就会自觉成长，根本没时间去无事生非，根本不用父母“扶上马，送一程”，因为他自己早已可以独立行走，并朝着成人、成才、成事的“三成”方向阔步向前了。

此生乐意为志趣而来！

为每一个独特的生命！

为你，为我，为我们！

赵 坡

2023 年 6 月 5 日于深圳